医用化学实验

主　编　胡庆红　袁泽利
副主编　孙智勇　吴　庆
　　　　王安俊　龙建君

科学出版社
北　京

内 容 简 介

本书介绍了医用化学实验相关知识，全书共四章，第一章为化学实验基本知识；第二章为验证实验和综合性实验，包括无机化学实验和有机化学实验；第三章为设计性实验；第四章为 PBL 教学。书末有思考题参考答案和附录。

本书可作为高等医学院校临床、护理、药学、麻醉、口腔、美容、检验、预防医学等专业的教材，也可供相关人员参考。

图书在版编目（CIP）数据

医用化学实验/胡庆红，袁泽利主编. —北京：科学出版社，2022.7

ISBN 978-7-03-072160-0

Ⅰ. ①医… Ⅱ. ①胡… ②袁… Ⅲ. ①医用化学-化学实验-医学院校-教材 Ⅳ. ①R313-33

中国版本图书馆 CIP 数据核字（2022）第 071973 号

责任编辑：赵晓霞 李丽娇 / 责任校对：杨 赛

责任印制：师艳茹 / 封面设计：迷底书装

科学出版社 出版

北京东黄城根北街 16 号

邮政编码：100717

http://www.sciencep.com

三河市骏杰印刷有限公司印刷

科学出版社发行 各地新华书店经销

*

2022 年 7 月第 一 版 开本：720×1000 1/16

2025 年 8 月第七次印刷 印张：10 1/2

字数：228 000

定价：39.00 元

（如有印装质量问题，我社负责调换）

《医用化学实验》编写委员会

主　编　胡庆红　袁泽利

副主编　孙智勇　吴　庆　王安俊　龙建君

编　委(按姓名汉语拼音排序)

邓世星　冯丽娟　胡庆红　龙建君　蒲家志

孙智勇　王安俊　王文君　吴　庆　向灿辉

姚秋丽　袁泽利　张　欣　张铭钦　张义娜

前　言

医用化学实验是医用化学课程的重要组成部分。为了适应我国高等医学教育的改革和发展，遵义医科大学无机化学教研室、基础化学教研室、珠海校区化学教研室的教师结合多年在医学院校从事化学教学的实践经验，共同编写了针对医学院校各专业的《医用化学实验》。本书以无机化学实验为主体，编写中融合了少量有机化学实验，注重实验内容的广泛性和实用性。

通过实验教学，学生能够更好地学习和掌握医用化学实验的基本知识和化学实验基本技能，进一步巩固和理解课堂讲授的基本理论和基本概念。同时，还可以培养学生认真观察、深入思考、正确记录、独立完成实验的科学态度和方法。本书在强化学生实验基本技能的基础上，增加了设计性实验，有利于学生主观能动性和创造性的培养。

在本书编写过程中得到了遵义医科大学各级教学主管部门和科学出版社的大力支持，编写工作得以顺利完成，对此表示衷心感谢。

由于编者水平有限，书中不妥和疏漏之处在所难免，恳请同行专家和读者批评指正。

编　者

2022 年 3 月

目　录

第一章　化学实验基本知识

第一节　概　　述

一、医用化学实验的学习目的和要求

化学是一门实验科学。医用化学实验是医学院校本科生的一门重要基础实验课程。学生通过医用化学实验的学习，可以加深对理论课知识的认识与理解，掌握开展化学实验的一般方法与技能，提高理论联系实际、独立思考与工作的能力，培养严谨的科学思维方法和工作作风，为攻读后续课程积累必需的基础知识，也为今后从事科研工作或临床医学工作打下坚实的基础。

学习医用化学实验要达到上述目的，不仅要有端正的学习态度，还要有正确的学习方法，学生须做好以下几个环节。

（一）预习

通过对实验项目的预习，学生可以明了实验目的、实验原理、实验步骤，实验过程中得到的数据如何记录与处理，实验中用到哪些仪器与试剂，以及有哪些注意事项。通过预习，实验时就会有的放矢，达到事半功倍的效果。

（二）实验

在实验过程中，应遵守实验室的有关规定，虚心接受教师指导，依据实验教材中所给的方法、步骤进行实验。同时应注意以下几点：①同组同学做好分工协作，合理安排实验操作程序；②细心观察，及时并如实记录实验现象与数据；③多动手、勤动脑，认真分析实验中遇到的问题，力争在实验过程中自己解决问题；④做创新性实验或规定以外的实验时，应经指导教师同意后方可实施；⑤注意安全、厉行节约；⑥实验完毕，洗净仪器，归还药品，整理操作台面后，将实验原始记录交指导教师审阅后方可离开实验室。

（三）实验报告

实验报告是对实验的归纳与总结，是医用化学实验的重要环节之一，是评价

学生是否达到实验目的与要求的重要参考。实验结束后，学生应严格根据实验记录对实验现象作出解释，写出有关反应，或根据实验数据进行处理与计算，得出相应的结论，并对实验中的问题进行讨论，最后独立完成实验报告。

二、实验误差与有效数字

（一）实验误差

实践证明，任何测量都有误差。实验误差的大小显示出测量过程的不可靠性和不准确性。实验误差按其性质与来源的不同可分为三类，即系统误差、偶然误差和过失误差。

1）系统误差

系统误差也称可测误差，是由测量时某些固定的原因引起的，同一条件下重复测定时，会重复出现，且其值的大小、正负可以测定。产生系统误差的主要原因有：实验方法不完善；所用的仪器未经校正或调节不当；药品不纯及操作不当等。系统误差不能依靠增加测量次数取平均值加以消除，但可以用改善实验方法、校正仪器、提纯药品、做空白实验和对照实验等方法来消除或减小。

2）偶然误差

偶然误差也称随机误差，由某些难以预料的偶然因素引起。测量时，偶然误差有时大，有时小，有时正，有时负，并不固定，但多次测量会发现，偶然误差的出现服从统计规律，即大小相近的正负误差出现机会相等，大误差出现的概率比小误差出现的概率低。因此，可通过多次测量取平均值的方法减小偶然误差。

3）过失误差

由操作不当（如看错读数、加错试剂、写错记录等）而造成的误差称为过失误差。只要实验者严肃认真地进行实验，这种误差就可以避免。

（二）准确度与误差

准确度是指测定值与真实值符合的程度。准确度的高低用误差的大小来衡量，测量误差越小，测量的准确度越高。要想提高测量结果的准确度，不仅需要改善测量的精密度，同时要消除系统误差。

准确度用绝对误差或相对误差表示。绝对误差是指实验测得的数值与真实值之间的差值，相对误差指绝对误差与真实值的百分比，即

$$\text{绝对误差}(E) = \text{测定值}(X) - \text{真实值}(T) \tag{1-1}$$

$$\text{相对误差}(\mathrm{RE}) = \frac{\text{绝对误差}(E)}{\text{真实值}(T)} \times 100\% \tag{1-2}$$

相对误差反映出误差在真实值中所占的百分数，因此用相对误差来反映测定值与真实值之间的偏离程度比用绝对误差更为合理。

(三)精密度与偏差

精密度是指几次平行测定结果相互吻合的程度，它表示测定结果的再现性。精密度的高低用偏差的大小来衡量，偏差越小，测量的精密度越高。精密度的高低常取决于测量时偶然误差的大小。

偏差与误差一样，也有相对偏差与绝对偏差。某次测量结果与多次测量值的算术平均值之间的差值称为绝对偏差。

$$\text{绝对偏差}(d_i)=\text{单次测定值}(X_i)-\text{测量平均值}(\overline{X}) \tag{1-3}$$

在实际工作中，常用绝对平均偏差、相对平均偏差等来表示测量结果的精密度。用公式表示如下：

$$\text{绝对平均偏差}(\overline{d})=\frac{\text{各次测量偏差的绝对值}(|d_i|)\text{之和}}{\text{测量次数}(n)} \tag{1-4}$$

$$\text{相对平均偏差}(d_{\mathrm{r}})=\frac{\text{绝对平均偏差}(\overline{d})}{\text{测量平均值}(\overline{X})}\times 100\% \tag{1-5}$$

相对平均偏差的大小可以反映出测量结果的再现性，即测量的精密度。相对平均偏差小，可视为再现性好，即精密度高。

(四)有效数字

1)有效数字位数的确定

分析测试中，在记录测定数据时，测定值所表示的准确程度应与测试时所用的测量仪器及测试方法的精度相一致。有效数字是指实际能测量到的具有实际意义的数字，它包含所有的准确数字和一位可疑数字。例如，连续三次称量葡萄糖酸钙的含量，结果依次是 1.0843 g、1.0842 g、1.0844 g，则前四位数字是准确数字(可靠数字)，第五位是可疑数字(欠准数字)，它们都是有效数字，因此上述三个数据的有效数字位数为 5 位。测量数值的有效数字位数直接反映测量时的精度，因此记录和报告的测定结果要注意有效数字的位数，对有效数字的位数不能任意增减。

医用基础化学实验中常用仪器的精度与实测数据有效数字位数的关系举例见表 1-1。

表 1-1　常用仪器的精度与实测数据有效数字位数举例

仪器名称	仪器精度	实测数据举例	有效数字位数	错误记录举例
托盘天平	0.1 g	102.0 g	4	102 g
分析天平	0.0001 g	9.3754 g	5	9.375 g
10 mL 量筒	0.1 mL	8.4 mL	2	8 mL
滴定管	0.01 mL	27.03 mL	4	27.0 mL
移液管	0.01 mL	25.00 mL	4	25.0 mL
容量瓶	0.01 mL	50.00 mL	4	50 mL

关于有效数字位数的确定，还应注意以下几点：

(1)数字“0”在数据中具有双重意义。它可以是有效数字，或只起定位作用。例如，在 0.06040 g 中，6 后面两个 0 都是有效数字，6 前面两个 0 都不是有效数字，只起定位作用，所以 0.06040 g 是四位有效数字，可记为：6.040×10^{-2} g。

(2)改变单位并不改变有效数字的位数，如滴定管读数 12.34 mL，若该读数改用升为单位，则是 0.01234 L，这时前面的两个零只起定位作用，不是有效数字，0.01234 L 与 12.34 mL 一样都是四位有效数字。

(3)当需要在数的末尾加“0”起定位作用时，最好采用指数形式表示，否则有效数字的位数含糊不清。例如，2500 mL，这两个 0 无法知道是否为有效数字，因为可以将它们看成用于定位的 0，也可看成有效数字，此时用科学计数法可以排除这种不确定性，如记成 2.5×10^3 为两位有效数字，2.50×10^3 为三位有效数字。

(4)对数值有效数字位数仅由小数部分的位数决定，整数部分的数字只起定位作用，不是有效数字。因此，对数运算时，对数值小数部分的有效数字位数应与相应真数的有效数字位数相同。例如，pH = 2.38 的有效数字为两位，而不是三位，对应$[H^+] = 4.2 \times 10^{-3}\ mol \cdot L^{-1}$。

2)有效数字的运算规则

在进行数据运算时，常遇到一些有效数字位数不同的数据，需先按一定的规则确定各数值的有效位数，然后将多余数字舍弃，此过程称为有效数字修约。在分析测定过程中，往往要经过几个不同的测量环节，如用减量法称取试样，经过处理后进行滴定。在此过程中最少要取四次数据，但这四个数据的有效数字位数不一定完全相同，在进行运算时，应按照下列计算规则，合理地取舍各数据的有效数字的位数，确保运算结果的准确。

(1)当拟舍弃的数字大于 5 时进位，而当尾数恰为 5 时，若保留的末位数是奇数时则进位，偶数则将 5 舍弃，原则是使保留下来的末位数是偶数，即“四舍六入五留双”。例如，根据此原则，将 4.175 和 4.165 处理成三位有效数字，分别为 4.18 和 4.16。

(2)进行加减运算时,最后结果所保留小数点后的位数应与参与运算的各数值中小数点后位数最少者相同。例如，$1.2379 + 12.46 = 13.6979$，应取13.70。

(3)进行乘除运算时,最后结果的有效数字应以参与运算的各数值中有效数字位数最少者为准。例如，$1.23 \times 0.012 = 0.01476$，应取0.015。进行数值乘方和开方时，保留原来的有效数字位数。

(4)使用计算器处理结果时，不必对每步计算进行修约，只注意对最后结果的有效数字进行取舍，其有效数字位数应根据上述规则来确定。

(五)实验数据表格与图形

1)实验数据表格

记录、处理实验数据时，三线表因其简洁、功能分明、阅读方便，常在实验论文、报告中作为数据表述的主要形式。三线表的组成要素包括：表序、表题、项目栏、表体、表注。每个表都有序号，表题须根据实验内容简要标明。项目栏须列出物理量的名称和单位，将数据按顺序列于表体。

2)实验数据的图形

(1)实验数据的分布特征主要表现为数据的集中和分散特性。数据的分布特征可以用线性图、饼图、柱状图、散点图等直观的形式表示出来，便于观察、比较、分析实验数据的上述特性。

(2)实验数据(变量)之间关系线性化。在自然科学中，常需要研究两个变量之间的定量关系，此种定量关系可能是对数关系、指数关系、方次关系或者是它们的组合等。通过数学变换，可以将两变量间的定量关系变换为线性关系。例如，有色溶液的透光率(T)与浓度(c)的关系为 $T = 10^{-\varepsilon bc}$，当对透光率进行对数变换后，$A = -\lg T$，即可绘制吸光度(A)与浓度(c)的线性关系图。线性关系图可以用Excel、Origin等软件进行绘制，利用这些软件还可以进行趋势预测和回归分析。

第二节 化学实验须知

一、实验室规则

(1)实验前必须预习实验内容，明确实验目的，掌握实验原理，熟悉方法步骤以及安全注意事项，做到心中有数，有计划地进行实验。

(2)进入化学实验室，必须穿实验服，并按编组在指定位置就座。不准大声喧哗，不得吃零食，不得乱扔纸屑、果壳皮核等，保持室内安静、整洁。检查所用仪器及器材是否完好，如有损坏应立即报告指导教师更换。

(3)实验课上，认真听讲，以严谨、科学的态度按照规范操作进行实验。实验过程中，仔细观察现象，详细记录数据或现象，实事求是地认真填写原始实验记录，分析思考实验结果。

(4)未经教师允许，不得随意做其他实验。

(5)使用精密仪器时，必须学会仪器操作规程后才能进行实验操作。若发现仪器有异常，应立即停止使用并报告指导教师。

(6)使用危险品应严格按照规程进行操作并注意安全防护。

(7)节约药品、水、电。小心使用仪器和设备，若有损坏要报告指导教师。

(8)未经教师允许，实验室内物品一律不得带出实验室外。实验完毕后，必须清点仪器，摆放整齐，并做好清洁工作。不得将废纸、废液、破损玻璃仪器等丢入水槽，以免造成堵塞。

(9)实验完毕后，做好实验室内清洁工作，并关好门、窗、水、电，方可离开实验室。

(10)实验课结束后，须认真书写实验报告，并以实验组为单位按学号顺序收齐实验报告后及时送交指导教师。

二、实验中的安全操作和事故的处理

在化学实验中，需经常使用水、电，并常遇到一些有毒、有腐蚀性或者易燃、易爆的物质，还会经常遇到高温、低温、高压、真空和带有辐射源的实验条件和仪器。若缺乏必要的安全防护知识，可能造成火灾、爆炸和其他事故。因此，重视安全操作、熟悉一般的安全知识是非常必要的。

(一)实验中的安全操作

(1)严禁在实验室内饮食、吸烟。

(2)使用电器时，要谨防触电，不要用湿的手、物接触电源，实验完毕要及时拔下插头，切断电源。

(3)凡产生刺激性的、恶臭的、有毒气体的实验，应在通风橱内进行。使用浓 HNO_3、浓 HCl、浓 H_2SO_4、浓 $HClO_4$、浓氨水、冰醋酸等时，均应在通风橱中操作。夏天，打开浓氨水瓶盖之前，应先将氨水瓶放在自来水流水下冷却后，再行开启。若不小心溅到皮肤上或眼睛内，应立即用水冲洗。

(4)取用腐蚀性药品时,不能用手直接拿取物品,要用药匙或指定的器皿取用。取用一些强腐蚀性的药品时，如氢氟酸、溴水等，还必须戴上橡胶手套。实验完毕后须将手洗净。绝不允许品尝药品的味道。

(5)酸碱是实验室常用试剂，浓酸碱具有强烈的腐蚀性，应小心取用，谨防将其洒在衣服或皮肤上。稀释浓硫酸时，应将浓硫酸缓慢倒入水中并搅拌，而不能将水倒入浓硫酸中。

(6)不允许将化学药品随意混合，以免引起意外事故。自选设计的实验务必与指导教师讨论并征得同意后方可进行。

(7)使用易燃物(如乙醇、丙酮、乙醚等)、易爆物(如氯酸钾等)时，要远离火源，用完后应及时将易燃、易爆物加盖并存放于阴凉处。

(8)加热试管时，不能将管口朝向自己或他人，也不能俯视正在加热的液体，以防液体溅出伤人。使用酒精灯时，应随用随点，不用时盖上灯罩。严禁用燃着的酒精灯点燃其他酒精灯，以免酒精流出而着火。

(9)不能随意使用无标签、性质不明的物质。

(10)实验室应保持室内整齐、干净，废液小心倒入废液缸中。毛刷、抹布、拖把等卫生用品清洗干净，摆放整齐。

(11)实验完毕后，检查门、窗、水、电是否关好。

(二)实验室中意外事故的急救处理

(1)浓酸、浓碱洒在皮肤上时，应立即用大量水冲洗，再分别用2%碳酸氢钠溶液或2%乙酸擦洗，用水冲洗后，外敷氧化锌软膏(或硼酸软膏)。

(2)当酸溅入眼睛时，首先用大量水冲洗眼睛，然后用0.5%碳酸氢钠溶液冲洗，最后再用清水冲洗。当碱液溅入眼睛时，先用水冲洗，再用饱和硼酸溶液冲洗，最后滴入蓖麻油。当眼睛溅入其他腐蚀性药品时应立即用大量水冲洗，必要时到医院就医。

(3)不慎吸入溴蒸气、氯气、氯化氢、硫化氢等气体时，应立即到室外做深呼吸，呼吸新鲜空气。

(4)人体触电时，应立即切断电源。若有休克现象，应对触电者立即进行人工呼吸，并送到医院抢救。

(5)玻璃割伤时，轻伤可先用酒精对伤口周围消毒，再取出伤口内的异物，然后用生理盐水或硼酸溶液擦洗伤处，涂上紫药水，必要时撒些消炎药，用绷带包扎。伤势较重时，可先用酒精在伤口周围清洗消毒，再用纱布按住伤口压迫止血，并立即送往医院。

(6)轻度的烫伤或烧伤，可用药棉浸90%～95%的酒精轻涂伤处，或用3%～5%高锰酸钾溶液擦洗伤处至皮肤变为棕色，然后涂上烫伤药膏。较严重的烫伤或烧伤，不要弄破水泡，以防感染，要用消毒纱布包扎伤处，并立即送医院治疗。

(7)化学试剂灼伤，应于最短时间内进行冲洗，清洗要干净彻底。冲洗时要立足于现场条件，不必强求用消毒液和药水，也可用自来水冲洗，必要时送医院就医。

（三）实验室中常见剧毒、强腐蚀性药品

（1）氰化物和氢氰酸。

氰化钾、氰化钠等属烈性毒品，进入人体 50 mg 即可致死。在使用氰化物时，严禁用手接触。当与皮肤接触或经伤口进入人体时，可引起严重中毒。使用这类药品时，应戴上口罩和橡胶手套。氰化物遇酸产生的氢氰酸气体易被吸入人体而中毒。因此，含有氰化物的废液，严禁直接倒入酸缸，应先加入硫酸亚铁使之转变为毒性较小的亚铁氰化物，然后倒入废液缸。

（2）汞和汞的化合物。

汞的可溶性化合物（如氯化汞、硝酸汞）都是剧毒物品。实验中应特别注意金属汞（如温度计、压力计、汞电极等）的使用，因金属汞易蒸发，蒸气有剧毒，又无气味，吸入人体具有积累性，容易引起慢性中毒，一旦汞洒落在桌上或地上，须尽可能地收集起来，并用硫磺粉覆盖，使汞转变成不挥发的硫化汞，然后清除干净。

（3）砷的化合物。

砒霜是常见的砷的化合物，其为不纯的三氧化二砷，白色粉末，没有特殊气味，有时略带黄色或红色，有剧毒，内服 0.1 g 即可致死。

（4）硫化氢。

硫化氢是极毒的气体，有臭鸡蛋味，它能麻痹人的嗅觉，以致不觉其臭味，所以特别危险。使用硫化氢或者酸与硫化物反应时，应在通风橱中进行。

（5）一氧化碳。

一氧化碳为无色、无臭、无刺激性的气体。一氧化碳进入人体之后会与血液中的血红蛋白结合，使血红蛋白不能与氧气结合，从而引起机体组织出现缺氧，导致人体窒息死亡。

（6）有机溶剂。

常用的有机溶剂有苯、硝基苯、苯胺、甲醇等。因有机溶剂通常有毒，故使用时应特别注意防止慢性中毒。

（7）氯、溴。

氯气是一种黄绿色刺激性的有毒气体，其密度为空气的 2.5 倍，能引起呼吸道的严重损伤，对眼睛黏膜和皮肤有高度刺激性。它主要通过呼吸道侵入人体并溶解在黏膜所含的水分中，使呼吸道黏膜浮肿，大量分泌黏液，造成呼吸困难。氯气中毒的明显症状是发生剧烈的咳嗽。症状严重时，会发生肺水肿。因此，进行有关氯气的实验，必须在通风橱中操作。

溴为棕色液体，易蒸发成红色蒸气，强烈地刺激眼睛，能损伤眼睛、气管和肺。溴触及皮肤，轻者剧烈地灼痛，重者溃烂。因此，在使用溴时应戴橡胶手套。

（8）氢氟酸。

氢氟酸是氟化氢气体的水溶液，为无色透明至淡黄色冒烟液体，有刺激性气味。皮肤与氢氟酸接触后，氟离子不断解离而渗透到深层组织，溶解细胞膜，造成表皮、真皮、皮下组织乃至肌层液化坏死。氢氟酸与氟化氢气体都有剧毒和强腐蚀性。因此，在使用氢氟酸时，必须在通风橱内进行操作，取用时戴上橡胶手套，用塑料滴管移取。

(四)防火、灭火常识

1)防火

化学实验室的易燃、易爆物品须定期检查，使用时远离火源，并且不能与强氧化剂接触。实验室中严禁吸烟。电器用品要经常检修，防止绝缘而造成短路或超负荷进而引起线路起火。

在操作易燃溶剂时，应远离火源，切勿将易燃溶剂放在敞口容器内用明火加热或放在密闭容器中加热；回流或蒸馏液体时应放入沸石，可用水浴、油浴、砂浴或隔石棉网加热，不可用火焰直接加热烧瓶；蒸馏易燃物质时，装置不能漏气。有些物品易自燃(如白磷)；有些化学反应放热而引起燃烧，如金属钠、钾等遇水燃烧甚至爆炸；在一定的条件下，有些化学试剂相混时会引起燃烧和爆炸(如红磷与氯酸钾混合)，因此这类物质的使用和保存要高度重视。

2)灭火

一旦发生火灾，应快速处理。首先要切断热源、电源，把附近的可燃物品移走，再根据火势的大小、燃烧物的性质、周围环境和现有条件选择以下几种常用的灭火措施。

(1)石棉布，如果火很小，用湿抹布盖上以隔绝空气灭火。

(2)干沙土，适用于不能用水扑救的燃烧，覆盖在着火物体上即可灭火。

(3)常用水进行灭火，但一般有机物着火不适用。

(4)泡沫灭火器，是实验室常用的灭火器材，灭火时生成二氧化碳及泡沫，使燃烧物与空气隔绝而灭火，效果较好。但不适用于扑灭带电物体的着火。

(5)二氧化碳灭火器，在工厂和实验室都很适用，不损坏仪器，不留残渣，对于通电的仪器也可使用，但金属镁燃烧不可使用它来灭火。

(6)四氯化碳灭火器，四氯化碳密度大，覆盖在燃烧物体周围，使燃烧物与空气隔绝而灭火。它不导电，适用于扑灭带电物体的着火。但它在高温时会分解出有毒气体，故在不通风的地方最好不要用。

(7)实验人员衣服着火时，切勿乱跑，应快速脱下衣服或者就地卧倒打滚压灭火焰。

(8)火势大时，应立即拨打119火警电话，讲明发生火灾的单位、地点、火势大小，是否有人被围困，什么物质着火，有无爆炸危险物品等情况。

第三节 化学实验基本操作

一、常用普通玻璃仪器

实验仪器是进行化学实验的重要工具，不同实验仪器具有不同用途和适用范围，实验操作者必须全面了解化学仪器的有关知识及功能，按仪器正确的操作方法和要求进行使用。化学实验中常见的普通玻璃仪器有烧杯、试剂瓶、滴瓶、锥形瓶、表面皿、烧瓶、漏斗等(图 1-1)，主要用途及使用注意事项见表 1-2。

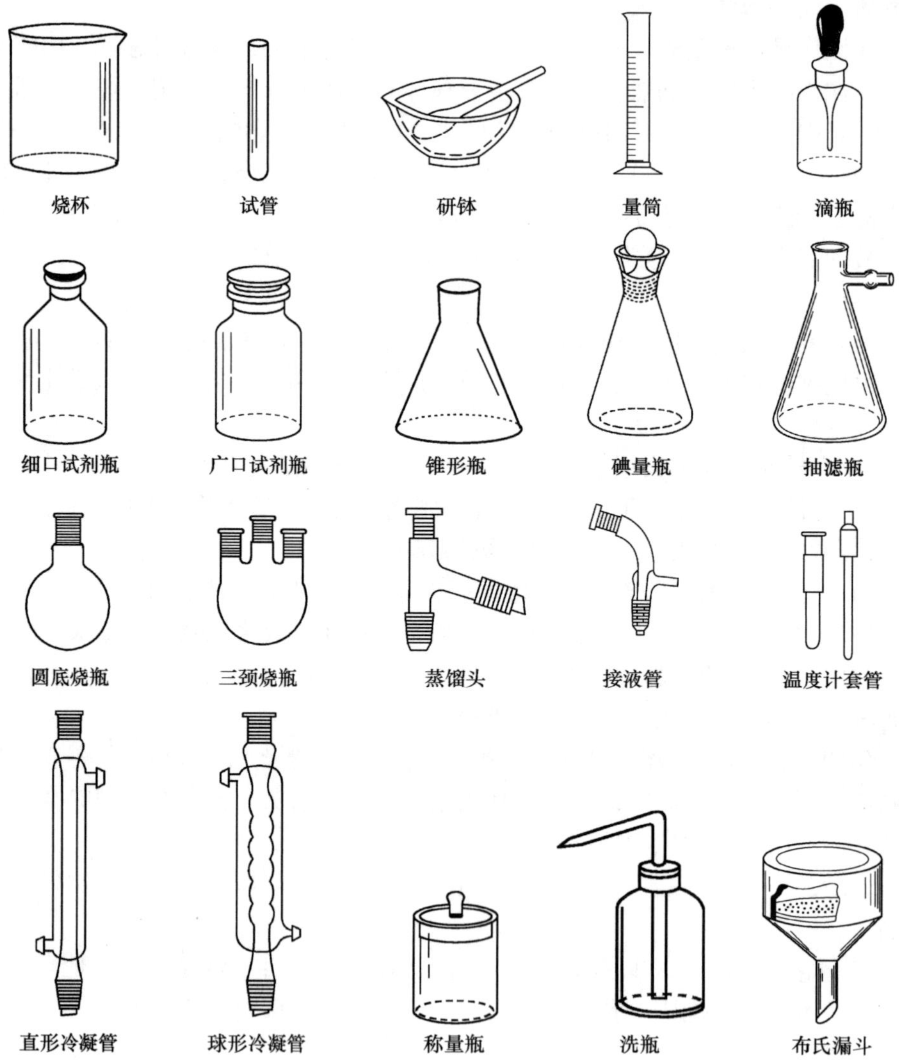

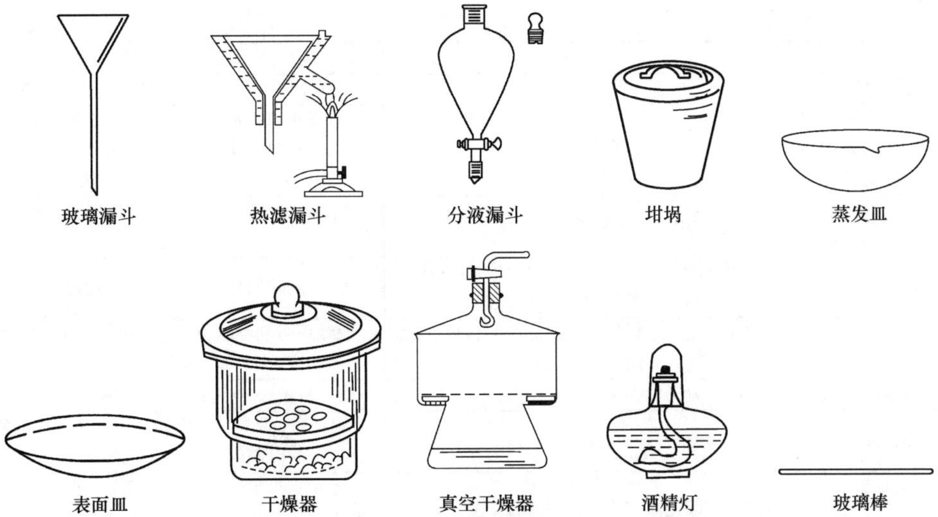

图 1-1　常用玻璃仪器

表 1-2　常用玻璃仪器的用途及使用注意事项

名称	主要用途	使用注意事项
烧杯	配制溶液、溶解样品、促进溶剂蒸发、作反应物用量较多时的反应容器等	不能储存易燃液体，加热前要把烧杯外壁擦干，加热时应置于石棉网上，使其受热均匀，不可烧干；烧杯不宜长期存放化学试剂，用后应立即洗净、擦干、倒置存放
试管	常温和加热条件下，用作少量试剂的反应容器，可用于定性分析	硬质玻璃制的试管可直接在火焰上加热，加热前试管外壁要擦干，不能骤冷；反应液体不超过试管容积的 1/2，加热时不超过 1/3，以防止振荡时液体溅出或受热溢出
研钵	研磨固体试剂及试样等	不能撞击；不能烘烤；不能研磨与玻璃发生反应的物质
量筒、量杯	用于粗略地量取一定体积的液体	不能加热，不能在其中配制溶液，不能用烘箱烘烤，操作时要沿壁加入或倒出溶液
滴瓶	装使用量很少的液体试剂，便于取用	滴瓶上的滴管只能专用，滴管不能吸得太满，不能平放或斜放，防止滴管中的试液流入胶头而污染试剂；滴加试剂时要保持垂直，禁止将滴管伸入试管中，以免杂质附着在滴管口外侧
细口试剂瓶	用于存放液体试剂(棕色瓶存放见光易分解的试剂)	不能加热；不能在瓶内配制放热量大的溶液；磨口塞要保持原配；放碱液的瓶子应使用橡胶塞
广口试剂瓶	用于装固体试剂(棕色瓶用于存放见光易分解的试剂)	不能加热；不能储放易燃固体，磨口塞要保持原配
锥形瓶	用作反应容器，振荡方便，适用于滴定分析操作	振荡时，盛液不能太多；不能直接加热，加热时下面应垫石棉网或置于水浴中加热
碘量瓶	用于碘量法或其他生成挥发性物质的定量分析	滴定时打开塞子，用去离子水将瓶口及塞子上的碘液洗入瓶中；磨口锥形瓶加热时要打开塞子，非标准磨口要保持原配塞

续表

名称	主要用途	使用注意事项
抽滤瓶	抽滤时接收滤液	属于厚壁容器，能耐负压；不可加热
圆（平）底烧瓶	加热及蒸馏液体	一般避免直火加热，隔石棉网或各种加热浴加热，加热完毕后应先撤去热源，静置冷却后，再进行废液处理和洗涤
冷凝管	用于冷却蒸馏出的液体	不可骤冷骤热；注意从下口进冷却水，上口出水
称量瓶	矮型用于测定干燥失重或在烘箱中烘干基准物；高型用于称量基准物、样品等	不可盖紧磨口塞烘烤，瓶塞与磨口要匹配
漏斗	长颈漏斗用于定量分析，过滤沉淀；短颈漏斗用于一般过滤	滤纸用溶剂湿润，避免滤纸与漏斗间留有空隙
分液漏斗	分离两种互不相溶的液体	磨口旋塞必须原配，漏水的漏斗不能使用
布氏漏斗	过滤	必须抽滤，不能骤冷骤热，不能过滤氢氟酸、碱等，用毕立即洗净
表面皿	盖烧杯及漏斗等	不可直火加热，直径要略大于所盖容器
干燥器	保持样品物质的干燥；也可干燥少量制备的产品	不可将红热物体放入，放入过热物体后要时时开盖以避免盖子跳起或冷却后打不开盖子
酒精灯	一般加热用热源，温度通常可达 400～500℃	酒精灯内酒精一般不超过其总容量的 2/3 为宜，一般用火柴点燃，不可用燃烧着的酒精灯直接去点燃；切勿用嘴吹灭酒精灯，应该用灯罩盖上燃烧的灯口熄灭灯焰，然后再提起灯罩，待灯口稍冷，再盖上灯罩

二、常用一般仪器

化学实验常用一般仪器有坩埚钳、试管夹、试管刷等，如图 1-2 所示，主要用途及使用注意事项见表 1-3。

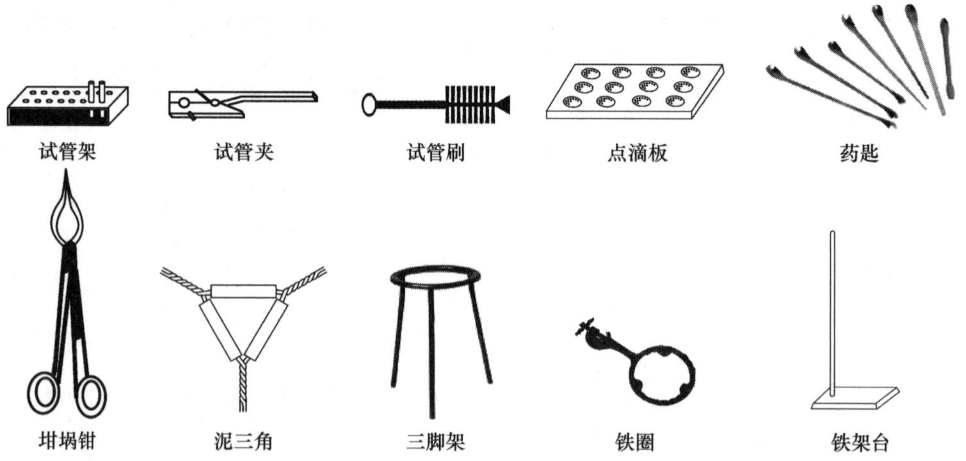

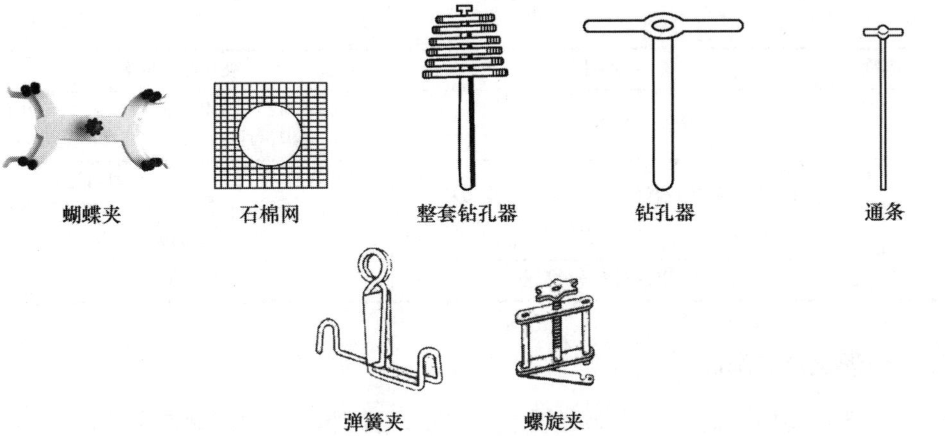

图 1-2　常用一般仪器

表 1-3　常用一般仪器的用途及使用注意事项

名称	主要用途	使用注意事项
试管架	用于放置试管	加热后的试管应用试管夹夹住悬放于试管架中
试管夹	用于夹持试管	夹在试管上端，不要把拇指按在试管夹的活动部分
试管刷	洗刷玻璃仪器	洗涤试管时，防止铁丝顶端将试管戳破
点滴板	用于点滴反应，一般用于不需要分离的沉淀反应，尤其是显色反应	白色沉淀用黑色板，有色沉淀用白色板
药匙	用于取用固体药品	取用一种药品后，必须洗净，并用小块滤纸擦干，才能取用另一种药品
坩埚钳	用于夹取热的坩埚和坩埚盖，也可用于夹取热的蒸发皿	不能与化学药品接触，以免腐蚀；每次使用必须用干净的坩埚钳，使用后头部朝上放置，若温度很高时应放在石棉网上
泥三角	加热时放置坩埚，小蒸发皿加热时也可以使用	坩埚放置要正确，坩埚底应横着斜放在三个瓷管中的一个瓷管上；灼烧的泥三角不要滴上冷的液体，以免破裂
三脚架	放置较重、较大的加热容器	放置加热容器(除水浴锅外)时应先放上石棉网；下面加热火焰的位置要合适
铁圈	用于固定或放置反应容器；铁圈还可以代替漏斗架使用	将铁圈放至合适的高度固定在铁架台上再进行实验
铁架台	用于固定铁圈、铁夹、蝴蝶夹等，是实验装置的支撑台	应先将铁夹等放至合适的高度并旋转螺丝，使之牢固后再进行实验
蝴蝶夹	用于固定滴定管	

续表

名称	主要用途	使用注意事项
石棉网	使受热物体均匀受热	石棉脱落则不能使用；不能与水接触，也不可卷折，以免石棉松脆或铁丝生锈
弹簧夹	下口瓶、制气或其他实验装置中连通或关闭流体的通路	胶管应在自由夹的中间部位，以防漏液或漏气；在去离子水储瓶装置中，夹持胶管的部位要常变动，以防胶管黏结
螺旋夹	可以控制流体的流量	同弹簧夹

三、玻璃仪器的洗涤

化学实验所用的玻璃仪器必须十分洁净，否则会干扰实验结果，甚至导致实验失败。洗涤时应根据实验要求、附着物性质、附着程度采用相应的洗涤方法。附着在玻璃仪器上的附着物一般有可溶物、尘土、不溶物及有机物等。一般情况下，先用自来水将仪器清洗干净，然后用少量去离子水荡洗 2～3 次，观察清洗干净的仪器应是清洁透明，水沿器壁自然流下后，没有明显水柱痕迹和水珠，器壁均匀润湿。

常见的洗涤方法有：

(1)刷洗法。用水和毛刷刷洗玻璃仪器，可以洗去仪器上附着的尘土、可溶性物质及易脱落的不溶性物质等，注意使用毛刷刷洗时，不可用力过猛，以免戳破容器。

(2)合成洗涤剂法。先将待洗玻璃仪器用少量水润湿后，用毛刷头蘸取少量去污粉或合成洗涤剂，擦洗仪器，然后用自来水洗去残留的去污粉，最后用去离子水洗涤干净，每次去离子水的用量要少(本着“少量、多次”的原则)。

(3)铬酸洗液法。太脏的玻璃仪器先用自来水冲洗并倒尽残留水，避免洗液被稀释影响清洗效果，然后加入铬酸洗液润洗或浸泡。洗液用后倒回原瓶并密闭，防吸水，可反复使用。当洗液由棕红色变为绿色时即失效。

(4)“对症”洗涤法。针对附着在玻璃器皿上不同性质的物质，采用特殊洗涤法，如附着有机物的玻璃器皿用 NaOH、乙醇溶液洗涤；硫磺用煮沸的石灰水洗涤；难溶硫化物用 HNO_3、HCl 洗涤；铜或银用 HNO_3 洗涤；AgCl 用氨水洗涤；煤焦油用浓碱洗涤；黏稠焦油状有机物用回收的溶剂浸泡；MnO_2 用热浓盐酸等进行洗涤。

(5)超声波清洗法。把用过的仪器放在配有洗涤剂的溶液中，利用超声波清洗器产生超声振荡，帮助附着物从仪器表面脱落。超声洗涤后的仪器，用自来水漂洗干净、去离子水润洗 2～3 次即可。该法省时、方便。

若仪器残留有焦油状物质，应先用纸或去污粉擦去大部分焦油状物质后再酌情使用其他方法清洗。

每次实验结束后，需立即清洗使用过的仪器，这时选用合适的方法清洗仪器容易洗干净。当使用过的仪器放置一段时间后，由于溶剂挥发，洗涤难度加大。

四、玻璃仪器的干燥

(1)自然晾干。晾干是让残留在仪器内壁的水分自然挥发干燥的方法。将去离子水冲洗干净的仪器(如烧杯等)倒立放置于适当的仪器柜内或置于干燥陶瓷盘上，或将仪器(如容量瓶等)倒置于格栅板上。仪器倒置可以防止灰尘落入，该方法的缺点是耗时较长。

(2)烤干。干燥试管、烧杯、蒸发皿等仪器时，可将洗净的仪器外壁擦干后用小火烘烤，同时旋转仪器使其受热均匀。硬质试管要从底部烤起，并使管口向下，以免水珠倒流炸裂试管，烤到无水珠后直立试管向上赶尽水汽。

(3)烘干。将用去离子水洗净的仪器外壁擦干后放在烘箱内烘干，烘箱温度为105～110℃，烘 1 h 左右。实心玻璃塞及厚壁仪器烘干时要注意慢慢升温并且温度不可过高，以免仪器破裂。此法不能用于干燥精密度高的容量仪器。

注意事项：

① 一般带有刻度的仪器(如量筒、滴定管、吸管、容量瓶等)不能用加热的方法干燥，因为热胀冷缩将影响这些仪器的精度。

② 对于厚壁瓷质仪器不能烤干，只能烘干。

③ 刚烘烤过的热仪器不能直接放在冷、湿的桌面上，否则容易因局部过冷而破裂。

(4)吹干。用电吹风机吹干，一般先用热风吹玻璃仪器的内壁，待干后再吹冷风使其冷却。也可将洗净的仪器直接放在气流干燥器中进行干燥。

(5)有机溶剂法。先用少量丙酮或无水乙醇使仪器内壁均匀润湿后倒出，然后用乙醚均匀润湿内壁后倒出，再依次用电吹风机吹冷风和热风吹干，此种方法又称为快干法。

五、常用加热仪器

1)电炉

电炉是一种用电热丝将电能转化为热能的装置，使用电炉时的注意事项：

(1)电炉下面必须垫上瓷板。

(2)加热玻璃仪器时仪器与电炉之间要隔一层石棉网，使溶液受热均匀并保护电炉丝，加热金属仪器时不能触及电炉丝。

(3)要保持电炉盘凹槽内清洁，及时清除杂物。

2)电热套

电热套是专为加热圆底烧瓶容器设计的凹型半球状电加热设备。用调压变压

图 1-3　电热套

器作电源可方便地控制加热温度。

电热套(图 1-3)有多种规格，主要用于回流加热；一般不用于蒸馏和减压蒸馏，因为蒸馏会使瓶内溶剂减少，易导致瓶壁过热现象发生。使用时应根据圆底烧瓶大小选用合适的型号，否则会影响加热效果。受热容器应悬置在电热套中央，形成一个均匀加热的空气浴，使受热容器不接触电热套内壁，否则易造成局部过热。为提高加热效率，可在电热套口和容器之间用玻璃布围住，电热套加热最高可达 500℃。

3) 电热恒温鼓风干燥箱

电热恒温鼓风干燥箱可用于烘干一般玻璃仪器，或干燥热稳定性好的药品。将物品放入干燥箱内后，关上玻璃门与外门，并将干燥箱顶部的活门旋开。接通电源，开启选温开关，使用温度为 150℃以下时开一挡，150℃以上时开二挡，开启鼓风机，鼓风机开始工作。达到使用温度后只需开一挡保持温度稳定。红色指示灯亮，表示加热；绿色指示灯亮，表示加热停止；红、绿灯自动继息，表示恒温，使用温度调节器设定所需温度(调节刻度盘上的刻度仅作参考)，以风顶温度计显示温度为准，利用温度调节器反复调整至所需温度。

使用注意事项：

(1) 箱内需烘干的物品切勿放置过密，必须留出空气自然对流空间，使潮湿空气能从风顶逸出。

(2) 干燥箱烘干物品不能含有易燃物。

(3) 干燥箱使用完毕，应将电源全部切断，并经常保持箱内外清洁。

4) 马弗炉

马弗炉有一个长方形炉膛，用电阻丝或硅碳棒加热，打开炉门即可放入各种待加热的器皿和样品。炉温由高温计测量，其是由一对热电偶和一个毫伏表组成的温度控制装置，可以自动调温和控温。

使用注意事项：

(1) 检查电源电压是否与马弗炉所需电压相符，热电偶正、负极是否接反。

(2) 调节温度控制器定温旋钮至所需加热温度，打开电源开关，当温度升至所需温度时可自动调节恒温。

(3) 灼烧结束后，先关电源，不要立即打开炉门，以免炉膛骤冷而碎裂，一般温度降至 200℃以下时方可打开炉门，用坩埚钳取出样品。

(4) 马弗炉不可放置在木质桌面上，以免过热引起火灾。

(5) 炉膛内应保持清洁，在高温下污染物很容易破坏炉膛内的耐火材料，炉周围不要放置易燃物品。

六、容量仪器的使用方法

(一)滴定管

1)滴定管的准备

滴定管是一支细长的有刻度玻璃管，末端较细并有控制液体流出的阀门，分酸式和碱式两种，如图 1-4 所示。酸式滴定管的下端阀门是玻璃旋塞(不可装碱液，因为碱能侵蚀玻璃，使旋塞不能转动)；碱式滴定管的下端是嵌有玻璃珠的橡胶管(不能装 $KMnO_4$、$AgNO_3$、I_2 及其他氧化性溶液)。现在常用聚四氟乙烯活塞滴定管。由于聚四氟乙烯活塞耐酸碱，可以酸碱通用。

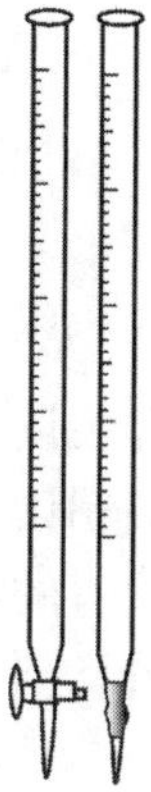
图 1-4 滴定管

滴定管零刻度在上管口下方，分度值为 0.10 mL，常用滴定管的量程为 50 mL 或 25 mL。滴定管用于准确计量滴定分析中所消耗的滴定剂体积。自滴定管流出的溶液体积可由滴定前后管内液面的读数差值来计算，可准确测量溶液体积到 0.01～0.02 mL。

使用酸式滴定管之前，应先检查滴定管是否漏水，旋塞转动是否灵活。具体操作方法是：先关闭旋塞，使管内充满水至零刻度线上，将滴定管垂直夹在滴定管架上，用滤纸在旋塞周围和管尖处检查。然后，将旋塞旋转 180°，直立 2 min，再用滤纸检查。如漏水，先将旋塞拔出，用吸水纸或干净纱布把旋塞和塞槽擦干，然后涂上一薄层凡士林(注意不要涂得太多，以免塞孔堵塞)，再将旋塞插入槽中，使旋塞能旋转自如，光亮透明。

检查碱式滴定管时，只需装满水直立 2 min 即可。另外，碱式滴定管使用前应先检查橡胶管是否老化，玻璃珠大小是否适当，若有问题，应及时更换。

酸式滴定管装入溶液之前必须洗净，洗涤时不能用试管刷，因其易损伤管内壁，影响滴定管测量精度。当滴定管没有明显污染物时，可以直接用自来水冲洗。如内壁沾有油脂性污染物，可用肥皂液、合成洗涤剂或碳酸钠溶液润洗，再用自来水冲净。若油污不容易洗净时，用铬酸洗液洗涤(注意回收洗液)，即先关闭旋塞，倒入约 10 mL 洗液，打开旋塞，放出少量洗液洗涤管尖，然后边转动边向管口倾斜，使洗液布满全管，最后洗液从管口放出，用自来水冲净。无论上述哪一种洗涤方式，都需用自来水充分洗涤后再用去离子水淌洗 2～3 次，每次 10～15 mL。

碱式滴定管的洗涤方法与酸式滴定管相似，但碱式滴定管的开关是嵌有玻璃珠的橡胶管，橡胶管易受到洗液腐蚀。因此，碱式滴定管用洗液浸洗时需要将管尖与玻璃珠取下，将管体倒立置于洗液中，用洗耳球吸取洗液洗涤滴定管。滴定管洗净后，将水自然沥干。

洗净后的滴定管还必须用待测溶液润洗 3 次，每次 10～15 mL，将润洗液弃去，然后才能装入待测溶液。

酸式滴定管装入溶液后，开大活塞使溶液冲出，从而排出尖嘴中的气泡。碱式滴定管排气泡时须将滴定管的橡胶管扭转向上，管尖斜向上约 45°，用左手拇指捏挤玻璃珠排出，如图 1-5 所示。

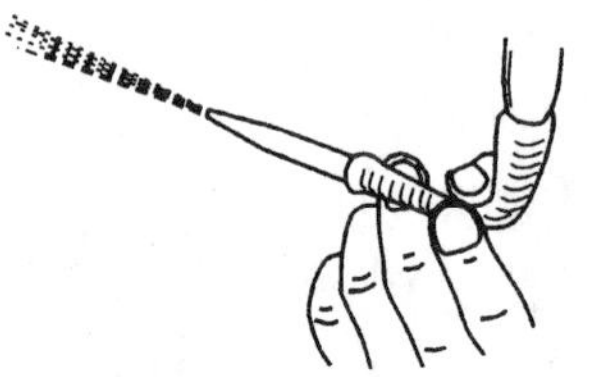

图 1-5　碱式滴定管排气泡法

读数时，将滴定管取下，手指捏住滴定管上部无液处，保持滴定管垂直。水平观察弯月面最低点与刻度水平线相切点，准确读数。若俯视读数就会偏高；若仰视读数就会偏低。若溶液有颜色，其弯月面不够清晰，则读取液面最高点。一般初读数在 0.00 mL 或 0～1 mL 的任一刻度，以减小体积误差。

有的滴定管背面有一条蓝带，称为蓝带滴定管。蓝带滴定管的读数与普通滴定管类似，当蓝带滴定管盛溶液后将有两个弯月面相交，此交点的位置即为蓝带滴定管的读数位置。

2)滴定操作过程

滴定管垂直地夹在滴定管夹上,滴定操作如图 1-6 所示。用左手控制旋塞，拇指在前，食指中指在后，无名指和小指弯曲在滴定管和旋塞下方。转动旋塞时，手指弯曲，手掌要空。右手三指握住锥形瓶颈部，瓶底离台 2～3 cm，滴定管尖嘴深入锥形瓶口约 1 cm，微动右手腕关节摇动锥形瓶，边滴边摇使滴下的溶液快速分散均匀。锥形瓶摇动的规范方式为：右手执锥形瓶颈部，手腕用力使瓶底沿顺时针方向画圆，要求所用力度使溶液在锥形瓶内均匀旋转，形成旋涡，溶液不能有跳动，管尖口与锥形瓶应无接触。

图 1-6　滴定操作

碱式滴定管滴定时，用左手拇指和食指捏住玻璃珠所在部位，拇指在前，食指在后，向前挤压橡胶管，使玻璃珠偏向手心，溶液就可以从空隙中流出。滴定时用其他手指辅助固定管尖。

滴定过程中液体流速应由快到慢，起初可以“连滴成线”，之后逐滴滴下，接近终点时则要半滴半滴地加入。加入半滴的方法是：小心放下半滴液体悬于管尖口，用锥形瓶内壁靠下，然后用去离子水冲下。当锥形瓶内指示剂指示终点时，立刻停止滴定。取下滴定管，准确读数。

注意事项：

(1)滴定时，左手不允许离开活塞，放任溶液自行流下。

(2)滴定时注意观察锥形瓶内溶液的颜色变化,不要因注视刻度变化而忽略反应的进行。

(3)每个样品的测量一般要平行滴定 3 次，每次均从零刻度线附近开始，每次读数均应将数据及时记录在实验记录表中。

(4)使用碱式滴定管时用力方向要平，以避免玻璃珠上下移动；不要捏到玻璃珠下侧部分，否则会使空气吸入管尖形成气泡；挤压橡胶管过程中切勿用力过猛，使溶液流出速度过快。

(5)滴定管使用前和使用后都应进行洗涤。

(二)移液管

移液管是准确移取一定量溶液的量器。移液管管身中段有膨大部分的称为胖肚移液管[图 1-7(a)]，其常用规格有 5 mL、10 mL、25 mL、50 mL。另一种移液管是具有分刻度的直形玻璃管[图 1-7(b)]，也称吸量管或刻度吸量管，其常用规格有 1 mL、2 mL、5 mL、10 mL。

移液管在使用前也必须洗净，即吸取少量洗涤液于移液管中，横放并转动移液管进行洗涤(图 1-8)，然后用自来水充分洗涤，再用去离子水润洗 3 次。当第一次使用洗净的移液管取溶液时，应先用滤纸将尖端内外的水吸净，否则会因引入水滴而改变溶液浓度。最后，用少量待移取溶液将移液管润洗 2～3 次，以保证移取溶液的浓度不变。

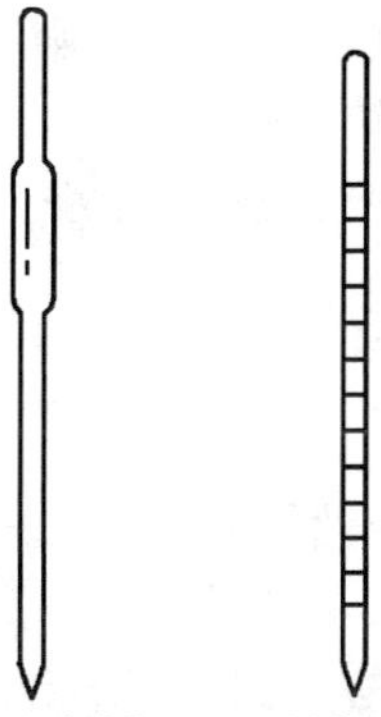

(a) 胖肚移液管　(b) 刻度吸量管

图 1-7　移液管

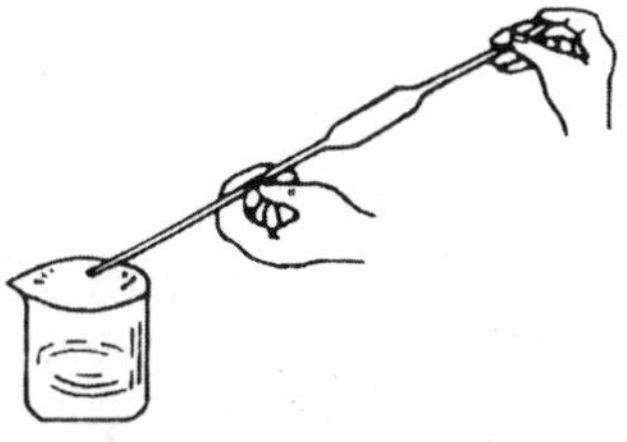

图 1-8　移液管洗涤操作

移取溶液时，用右手拇指和中指握住移液管上端，将其下端插入溶液 1～2 cm，左手拿洗耳球，先把球内空气压出，将洗耳球的尖端接在移液管顶口，慢慢松开洗耳球使溶液吸入管内(图 1-9)。当液面升到刻度线以上时移去洗耳球，立即用右手食指按住管口，把移液管尖端提出液面，略松食指让液体缓缓流出直到平视时溶液弯月面与标线相切，立刻用食指压紧管口。然后取出移液管，把准备盛接溶液的容器稍倾斜，将移液管垂直放入容器中，管尖紧靠容器内壁，松开食指让溶液沿器壁自然流下(图 1-10)，溶液流完后停靠约 15 s，取出移液管。注意，移液管上未标明“吹”时，留在移液管尖端的少量液体一般不吹出。移液管使用完毕后，应放在移液管架上。

图 1-9 吸取溶液操作

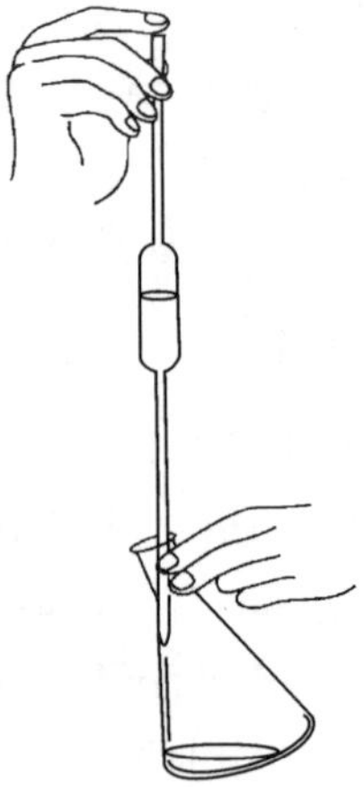

图 1-10 放出溶液操作

注意事项：

(1)移液管一定用洗耳球吸取溶液。

(2)不可用毛刷或其他粗糙物品擦洗内壁，以免造成内壁划痕和容量不准。使用后应及时用自来水冲洗，必要时可用洗衣粉水洗涤(不能用毛刷刷洗)；最后还需用去离子水冲洗 3 次，倒挂，自然沥干；不能在烘箱中烘烤。

(3)需精密量取一定整数体积的溶液，应选用相应大小的移液管，不能以用两个或多个移液管分取相加的方法来精密量取整数体积的溶液。

(三)容量瓶

容量瓶是一种长颈梨形平底玻璃瓶(图 1-11)，带有磨口玻璃塞或塑料塞。瓶颈上有标线，表示在所指温度下当液体充满到标线时，液体体积恰好与瓶上所注明的体积相等。容量瓶一般用来配制标准溶液或试样液，以及稀释溶液到一定体积，通常有 10 mL、25 mL、50 mL、100 mL、250 mL、500 mL、1000 mL 等规格。

容量瓶使用前要检查是否漏水(图 1-12)，然后洗净容量瓶。若配制固体溶质的溶液时，先准确称取固体物质置于小烧杯中溶解，将溶液使用玻璃棒导流转入容量瓶中，注意玻璃棒下端靠近瓶颈内壁，玻璃棒在容量瓶口处需悬空，使溶液沿玻璃棒及瓶颈内壁流下(图 1-13)，溶液全部流完后，将烧杯、玻璃棒用去离子水洗涤三次，洗涤液一并转入容量瓶中，然后加去离子水至 2/3 容积处，摇动容量瓶，使溶液混合均匀，继续加去离子水，加至近标线时，改用胶头滴管滴加，直至溶液的弯月面与标线相切为止，盖紧瓶塞，将容量瓶倒转，并振荡数次，使溶液充分混合均匀(图 1-12)。

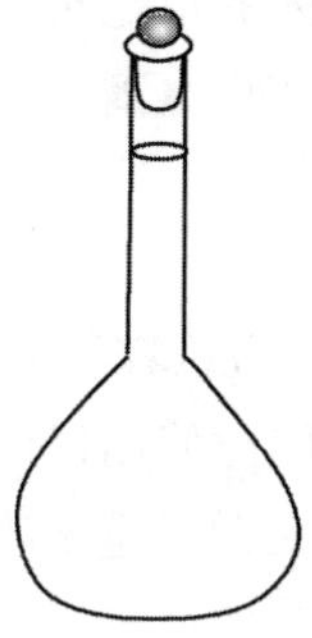
图 1-11　容量瓶

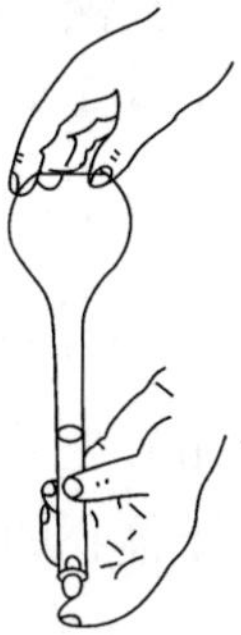
图 1-12　检查漏水及混匀操作

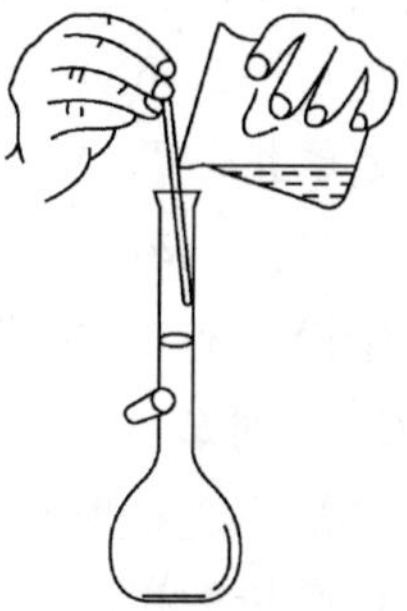
图 1-13　转移液体的操作

定量稀释浓溶液时，用移液管移取一定体积的浓溶液加入容量瓶中，按上述方法稀释至标线，摇匀即可。

注意事项：

(1)配制溶液前，根据配制溶液的体积选用合适规格的容量瓶。

(2)不能在容量瓶中进行固体溶质的溶解。

(3)用于洗涤溶解溶质用的烧杯的溶剂总量不能超过容量瓶标线。

(4)容量瓶测量溶液体积需要合适的温度条件。如果溶质在溶解过程中放热，要待溶液冷却后再转入容量瓶。

(5)容量瓶只能用于配制溶液，不能储存溶液，因为溶液可能会腐蚀瓶体，从而使容量瓶的精度受到影响。

(6)容量瓶用毕应及时洗涤干净，倒立干燥，塞上瓶塞时需在塞子与瓶口之间夹一纸条，防止瓶塞与瓶口粘连。

(四)量筒

1)量筒的规格

量筒是测量液体体积的量具，一般规格以所能度量的最大容量(mL)表示，常用的有 10 mL、20 mL、25 mL、50 mL、100 mL、250 mL、500 mL、1000 mL 等多种规格。

2)量筒的选择方法

量筒外壁刻度都是以 mL 为单位。量筒管径越粗，其精确度越小，由视线的偏差所造成的读数误差也就越大。因此，实验中根据所取溶液的体积，应尽量选用能满足一次量取所需量的最小规格量筒。分次量取引起误差比单次量取引起误差大。例如，量取 80 mL 液体，应选用 100 mL 量筒一次量取，而不能用 10 mL 量筒量取 8 次。

3)液体的注入方法

向量筒中注入液体时，应用左手拿住量筒，使量筒略倾斜，右手拿试剂瓶，标签朝向手心。使瓶口紧挨着量筒口，让液体缓缓流入，待注入的量比所需要的量稍少(1～2 mL)时，应把量筒水平正放在桌面上，改用胶头滴管逐滴加入直到所需要的量。

4) 量筒的刻度

量筒没有“0”刻度，“0”刻度即为其底部。一般起始刻度为总容积的 1/10 或 1/20。例如，10 mL 量筒一般从 1 mL 处才开始有刻度线，因此使用任何规格的量筒都不能量取小于其最低刻度以下体积的液体。否则误差太大，应该改用更小的量筒量取。

在实验过程中，量筒的刻度面不能背对着自己，因为视线要透过两层玻璃和液体，不容易看清；若液体是浑浊的，就更看不清刻度，所以刻度面要正对自己。

5) 读取液体体积的方法

注入液体后，要等片刻，使附着在内壁上的液体流下来，再读取刻度值。否则，读出的数值将偏小。

读数时，应把量筒放在平整的桌面上，观察刻度时，视线、刻度线与量筒内液体的凹液面最低处三者保持水平，再读出所取液体的体积。仰视时视线斜向上，俯视时视线斜向下，读数会偏高或偏低。

注意事项：

(1) 量筒上的刻度是指室内温度在 20℃时的体积。温度升高，量筒发生热膨胀，容积会增大。由此可知，量筒是不能加热的，也不能用于量取过热的液体，更不能在量筒中进行化学反应或配制溶液。

(2) 量筒一般只能用于对体积精度要求不高的实验步骤中，因为量筒的误差较大，精确量取液体时一般选用移液管或滴定管。

(3) 10 mL 的量筒一般不需读取估读值。因为量筒是粗略量取工具，并且是量出仪器，在倒出所量取的液体时，总会有 1～2 滴(1 滴相当于 0.05 mL)附着在内壁上而无法倒出，其相差的体积大小已经和其最小刻度差相同，所以估读值已无意义，只需读取到 0.1 mL。

(4) 规格大于 10 mL 的量筒一般需要读取估读值，若不读取，误差反而更大。因此，无论多大规格的量筒，一般读数都应保留到 0.1 mL。

(五) 锥形瓶

1) 锥形瓶的规格

锥形瓶是硬质玻璃制成的纵剖面呈三角形的容器。常用的有 10 mL、25 mL、50 mL、100 mL、250 mL、500 mL 等多种规格。

2)锥形瓶的使用

锥形瓶为平底窄口的锥形容器，一般用于滴定分析实验。为了防止滴定液下滴时溅出瓶外造成实验误差，可以将其放在磁力搅拌器上搅拌，也可以用手握住瓶颈以手腕旋摇，即可顺利地搅拌均匀下滴溶液。

注意事项：

(1)注入的液体最好不超过其容积的1/2，过多容易造成喷溅。

(2)加热时使用石棉网(电炉加热除外)。

(3)玻璃外部要擦干后再加热。

七、药品的取用和试管操作

(1)药品取用前应两次阅读标签，以保证药品名称和浓度正确。

(2)使用浓酸、浓碱及其他腐蚀性试剂时，切勿溅在皮肤和衣物上，涉及浓硝酸、盐酸、硫酸、高氯酸、氨水等的操作，均应在通风橱内进行。

(3)从试剂瓶中取出的试剂，不得再倒回原瓶中。

(4)勿将试剂瓶盖直接放在桌面上，应倒过来放置。试剂瓶盖往往会污染试剂，为避免污染，取用时每次只允许打开一瓶。

(5)试管加热前，应将外壁的水擦干，加热时勿将试管口朝向他人或自己，不能直接加热试管底部，应倾斜试管缓缓加热液体上端到试管底部之间的部位。

八、加热、蒸发、结晶、固液分离、升华和萃取

(一)加热

某些化学反应在室温下难以进行或进行得很慢。为了加快反应速率，有时采用加热的方法。一般来说，温度升高反应速率加快，通常温度每升高10℃，反应速率增加1倍。实验室常用的加热方法有空气浴、水浴、油浴和砂浴。

1)空气浴

空气浴就是热源将局部空气加热，空气再将热能传递给反应容器。直接利用煤气灯(或酒精灯)隔着石棉网对玻璃仪器加热为空气浴的一种，玻璃仪器离石棉网约1 cm，中间空隙因石棉网下的火焰而充满热空气。这种加热方式较猛烈且不均匀，故不适合低沸点易燃液体的回流和减压蒸馏操作。除此以外，电热套也属于空气浴加热，能从室温加热到200℃左右。安装电热套时，要使反应容器与电热套内壁保持一定的距离，以利于热空气传热和防止局部过热。

2)水浴

将反应容器置入水浴锅中，使水浴液面稍高于反应容器内的液面，勿使容器底触及水浴锅底。通过煤气灯或电热器对水浴锅加热，使水浴温度达到所需温度

范围。与空气浴加热相比，水浴加热均匀，温度易控制，适合于低沸点物质回流加热。若长时间加热，实验室常用恒温水浴箱进行加热。恒温水浴箱用电加热，可自动控制温度、同时加热多个样品。

3）油浴

当被加热物质要求受热均匀，且加热温度在 80～250℃时可用油浴加热方式。油浴加热与水浴加热方法相似。常用的油浴浴液有液状石蜡、硅油、真空泵油或植物油，如豆油、花生油、蓖麻油等。使用植物油时，由于植物油在高温下容易发生分解，可加入 1%对苯二酚，增加其热稳定性。液状石蜡可加热到 220℃，温度稍高虽不易分解，但易燃烧。固体石蜡也可加热到 220℃以上，其优点是室温下为固体，便于保存。硅油和真空泵油在 250℃以上时较稳定，但由于价格贵，一般较少使用。在油浴加热时，注意不要让水溅入油中，否则加热时会产生泡沫或暴溅。使用油浴时，要特别注意油蒸气污染环境和引起火灾的风险。可用一块中间有圆孔的石棉板覆盖油锅。

4）砂浴

如果加热温度在 300℃以上时，应采用砂浴。通常将细砂平铺在铁盘中，把反应容器埋在砂中，并保持其底部留有一层砂，以防止局部过热。由于砂对热的传导能力较差，因此容器底部与砂浴接触处的砂层要薄一些。

（二）蒸发

蒸发是利用加热的方法，使溶液中溶剂不断挥发而析出溶质（晶体）的过程。进行蒸发操作时，首先根据酒精灯的高度调整铁架台上铁圈的高度，使酒精灯外焰对准蒸发皿底部，如图 1-14 所示。将待蒸发的液体倒入蒸发皿，液体的量不得超过其容积的 2/3。蒸发过程中必须用玻璃棒不断搅拌，以防止局部温度过高而使液体飞溅。当加热至大量固体出现时，应停止加热，利用余热蒸干。蒸发结束后，不能把热的蒸发皿直接放在实验台上，应垫上石棉网。

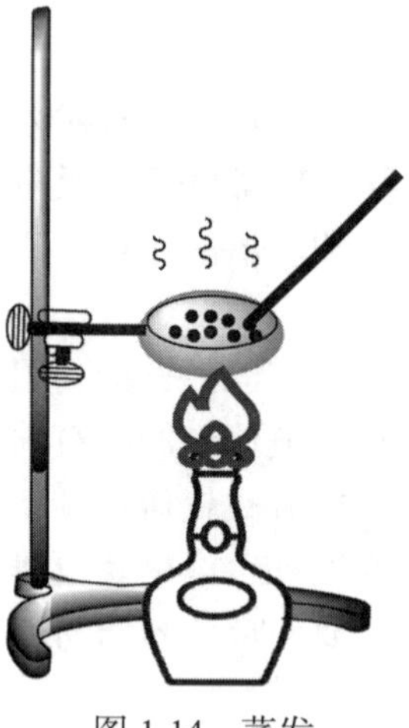

图 1-14　蒸发

（三）结晶

结晶的实质是将稀溶液变成过饱和溶液，然后析出结晶，是获得纯净固态物质的重要方法之一。通过结晶，溶液中的大部分杂质会留在母液中，再通过过滤、洗涤即可得到纯度较高的晶体。使溶液达到过饱和有两种方法：①用蒸发的方法移去部分溶剂；②降低溶液的温度使物质溶解度下降而达到过饱和。

一般来说，溶解度随温度变化大时，可选用变温方法结晶分离；溶解度随温度变化小时，可采用移除一部分溶剂的结晶分离方法分离。

（四）固液分离

固液分离的方法有倾析法、过滤法和离心分离法三种。

1）倾析法

当形成的沉淀密度或晶体颗粒较大时，固体能较快沉降形成沉淀，可用倾析法分离和洗涤沉淀。分离时将上部清液缓慢沿玻璃棒倾入另一容器中。然后向盛沉淀的容器中加入少量洗涤液，充分搅拌后静置，待沉淀沉降后用倾析法倾去洗涤液，重复几次可完成对沉淀的洗涤。

2）过滤法

过滤法是最常用的固液分离方法，分为常压过滤、减压过滤和热过滤三种。

（1）常压过滤。常压过滤是在常压下使用玻璃漏斗过滤的方法。首先将圆形滤纸对折两次成扇形，展开成圆锥形，一边为三层，一边为一层（图 1-15），放在漏斗上用水润湿滤纸，使滤纸与漏斗内壁紧贴。过滤时，漏斗应放在漏斗架上，下面用烧杯承接滤液，将漏斗颈斜口长的一侧贴紧烧杯内壁。

倾倒液体时将玻璃棒下端尽可能接近三层滤纸一侧，但不直接与滤纸接触，并让溶液沿玻璃棒倾入漏斗中，液面高度应低于滤纸边缘 1 cm（图 1-16）。洗涤沉淀时用洗瓶由滤纸边缘稍下一些地方向下冲洗沉淀。

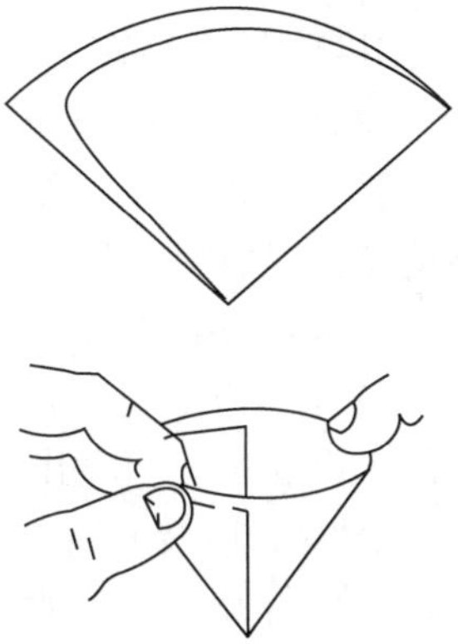

图 1-15　普通滤纸的折叠方法

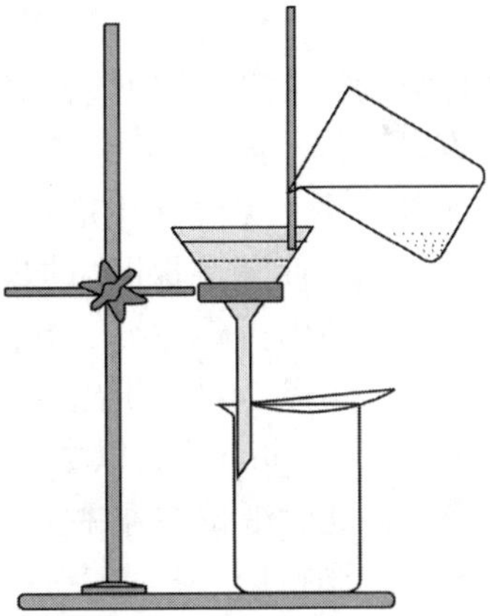

图 1-16　常压过滤装置图

（2）减压过滤。减压过滤也称抽气过滤，它可以加快过滤速度，使晶体与母液分离较完全，所得的晶体比较干燥。

减压过滤的装置通常由瓷质布氏漏斗、抽滤瓶、安全瓶和减压泵组成（图 1-17）。安装时应注意使布氏漏斗下端斜面对着抽滤瓶支管，连接减压泵的橡胶管应是耐压的。布氏漏斗中铺的圆形滤纸直径要比漏斗内径略小，但应能完全盖住所有的小孔。在抽滤前先用少量溶剂把滤纸润湿，然后打开减压泵将滤纸吸紧，以防固体在抽滤时从滤纸边缘吸入瓶中。把过滤的混合物倒入漏斗中，使固体均匀地分布在整个滤纸上，一直抽到几乎没有液体滤出为止。洗涤沉淀时必须先暂时停止抽气。拔掉抽气的橡胶管(或打开安全瓶上的阀门)，恢复常压，把少量洗涤液均匀地洒在滤饼上。静置片刻，让溶剂渗透滤饼，待有滤液从漏斗下端滴下时，重新抽气，再把滤饼抽干、压干。一般重复洗涤 1～2 次。为了尽量把液体除净，可用玻璃瓶塞挤压沉淀。关闭减压泵之前，先将安全瓶上的活塞打开接通大气(或将抽滤瓶与减压泵连接的橡胶管拆开)，以免倒吸。

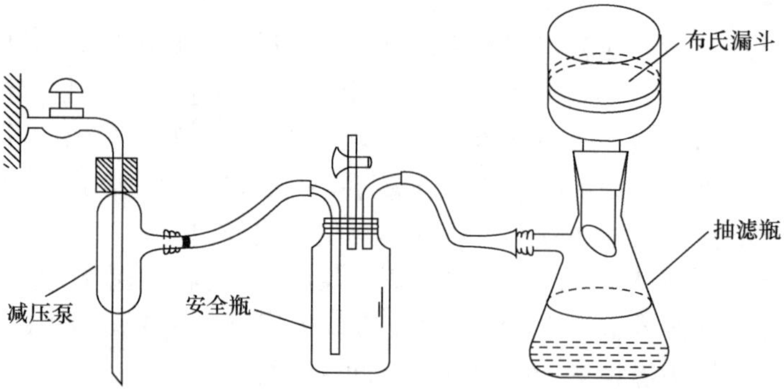

图 1-17　减压过滤装置

(3) 热过滤。某些热的饱和溶液在过滤时，由于温度降低，很容易析出晶体，使过滤难以进行，该种溶液则需要进行热过滤。热过滤就是在普通玻璃漏斗外套上一个保温漏斗。保温漏斗是铜制的，内外壁间有空腔，可以盛水。使用时在外壳支管处加热，使漏斗保温。加热过滤时，为了不使滤纸贴在漏斗壁上，提高过滤效率，通常使用折叠滤纸。折叠方法如图 1-18 所示，先将滤纸对半折叠，再折成四分之一。再以 2 对 3 折出 4，以 1 对 3 折出 5，以 2 对 5 折出 6，以 1 对 4 折出 7；再以 1 对 5 折出 9，以 2 对 4 折出 8。然后向同方向折叠，折叠出同向卷曲的 8 等分。将此滤纸拿在左手上，以 2 对 8、8 对 4、4 对 6，以及 6 对 3……各处反向折叠，如同折扇一样。最后将各处折痕用力压叠，再打开，即可放在漏斗中使用。过滤后，用少量热溶剂洗涤烧杯和滤纸。热过滤也可采用前文所述的减压过滤操作进行，但需将布氏漏斗预热，用热溶剂润湿滤纸。

3) 离心分离法

离心分离法是利用不同物质的密度等差异，借助离心力，使密度不同的物质分离的方法。

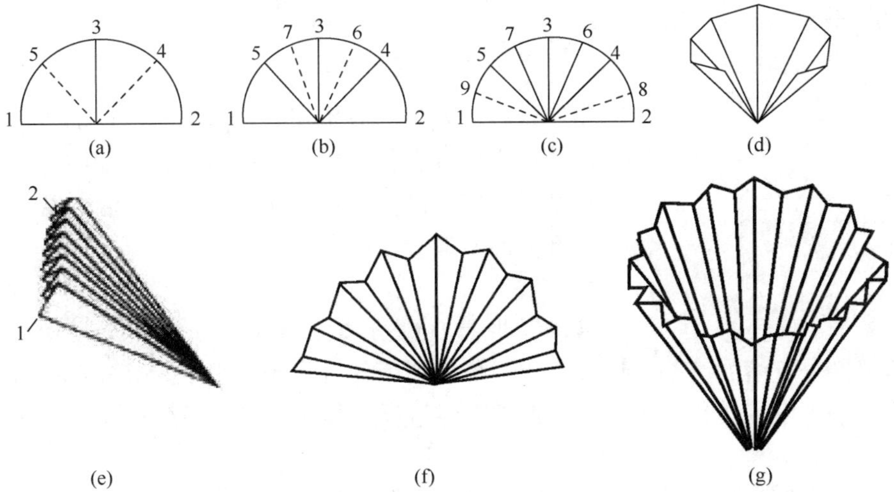

图 1-18　折叠滤纸的折叠方法示意图

(五)升华

固体物质受热后不经熔融就直接转变为蒸气的过程称为升华，升华后的物质冷凝后便可获得纯净的晶体。升华是固体化合物提纯的一种手段。一般来说，能够通过升华操作进行纯化的物质是那些在熔点温度以下具有较高蒸气压的固体物质。这类物质具有三相点，即固、液、气三相并存点。一种物质的熔点，通常指该物质的固、液两相在 1 atm(1 atm = 101325 Pa)下达到平衡时的温度，而某物质的三相点是指该物质在固、液、气三相达到平衡时的温度和压力。在三相点以下，物质只有固、气两相，当温度降到三相点以下时，蒸气就可不经液态直接转变为固态；反之，若温度升高，固态可以直接转变为气态。因此，升华都在三相点温度以下进行，即在固体的熔点以下进行。固体熔点可以近似看作物质的三相点。

由于不是所有固体都具有升华性质，因此升华只适用于以下情况：①被提纯的固体化合物具有较高的蒸气压，在低于熔点时就可以产生足够的蒸气，使固体不经过熔融状态直接变为气体，从而达到分离目的；②固体化合物中杂质的蒸气压较低，有利于分离。一般由升华提纯得到的固体有机物纯度都较高，但是由于该操作损失较大，时间较长，因而通常只限于实验室少量物质的精制。

当固体化合物的蒸气压等于外界压力时，固体化合物开始升华，此时的温度为该固体化合物的升华点。常压升华装置见图 1-19。蒸发皿上盖一张布满小孔的圆形滤纸，再罩上干燥的玻璃漏斗(漏斗颈部塞少许脱脂棉以减少蒸气逸出)，在酒精灯或电加热套上小心加热升华。当漏斗内出现烟雾，滤纸上出现晶体时，停止加热，冷却，收集产品。在常压下不易升华的物质，可利用减压升华装置进行升华。

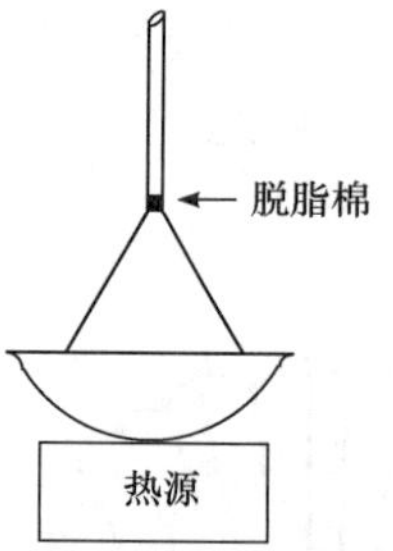

图 1-19　常压升华装置

(六) 萃取

萃取是提纯或分离有机化合物的基本操作之一，它可以从固体或液体混合物中提取分离所需要的物质，也可除去少量杂质。根据被提取物存在的状态，萃取可以分为液液萃取和液固萃取。

1) 液液萃取

液液萃取是在预分离的液体混合物中加入一种与其不溶或部分互溶的溶剂，形成两相系统，利用各组分在两相中的溶解度不同，使物质自一种溶剂转移至另一种溶剂中，经过反复多次提取，最终达到分离纯化的目的。

由于物质在两种溶剂中溶解度不同，当温度一定时，物质在两液相中的平衡关系可用分配系数 K 表示，即 $K = c_A/c_B$。式中，c_A、c_B 分别表示物质在两种溶剂中的浓度。

分配系数 K 可近似看作被萃取物质在萃取剂和溶剂中溶解度的比值。利用分配定律，可计算出经过 n 次萃取后在原溶液中溶质的剩余量：

$$W_n = W_0\left(\frac{KV}{KV+S}\right)^n \tag{1-6}$$

式中，W_n 为经过 n 次萃取后在原溶液中溶质的剩余量；W_0 为萃取前原溶液中化合物溶解的总量；K 为分配系数；V 为原溶液的体积；S 为单次萃取剂的体积；n 为萃取次数。

因为 $\dfrac{KV}{KV+S}$ 总是小于 1，故 n 越大，W_n 就越小，所以多次萃取比一次萃取的效果好，一般同体积溶剂分为 3～5 次萃取。

溶剂对萃取分离效果的影响很大，选择时应注意考虑以下几个方面：

(1) 分配系数 K 的大小对萃取过程影响很大，分配系数 K 越大，表示组分在萃取相的浓度越高，溶质容易越被萃取出来，萃取效率越高。

(2) 两相应有一定的密度差，以利于分层。

(3) 当溶剂界面张力过小时，易发生乳化现象，故一般不宜选择界面张力过小的萃取剂。

(4) 溶剂与被提取物不发生化学反应。

(5) 溶剂沸点低易于回收，价廉，毒性小。

常用的萃取剂有乙醚、苯、四氯化碳、石油醚、氯仿等。

液液萃取一般采用分液漏斗。使用前应先检漏，检漏时在分液漏斗中盛少量水，检查活塞周围是否漏水。然后将上口塞好，上下摇动分液漏斗，将分液漏斗倒置，检查活塞周围是否漏水，再将活塞旋转180°，摇动分液漏斗，再次确认活塞周围是否漏水。确定不漏才能使用。

萃取时将待萃取的液体倒入分液漏斗中，并加入一定量的萃取剂，塞紧活塞，然后用右手掌心顶住漏斗上口，左手握住活塞，将分液漏斗放平，振摇，使两相充分接触。振摇过程中应注意放气，以免振摇时压力过大，冲开活塞，液体喷出，尤其是在漏斗内盛有易挥发溶剂如乙醚、苯等，或用碳酸钠溶液中和酸溶液时，振荡后更应注意及时旋开旋塞，放出气体。放气时，保持漏斗倾斜，下口朝上（约45°），旋开旋塞，放出气体，使内外压力平衡，一般振摇3～5次放气一次。经几次振摇换气后，将活塞打开，分液漏斗置于铁架台的铁圈上静置分层，分层后，打开旋塞使下层溶液由下口缓慢流出，上层的溶液从上口倒出，以免污染。如需多次萃取，重复以上操作。

2）液固萃取

液固萃取的萃取原理与液液萃取类似，通常采用浸出法或连续提取法。浸出法是选用适当的溶剂对固体物质较长时间地浸泡或加热，然后进行分离纯化。当使用有机溶剂加热萃取时，应采用回流装置，见图1-20（a）。但此方法溶剂消耗比较大且效率不高。

实验室大多采用索氏（Soxhlet）提取器来进行连续提取，见图1-20（b）。固体物质用滤纸包好置于提取筒中，烧瓶中的溶剂受热沸腾后开始回流，在提取筒中蓄积，将固体物质浸泡在溶剂中，当溶液到达虹吸管时，溶剂带着溶出的物质流回到烧瓶中，重复该过程可再次进行萃取。该方法均用纯溶剂萃取，效率较高。

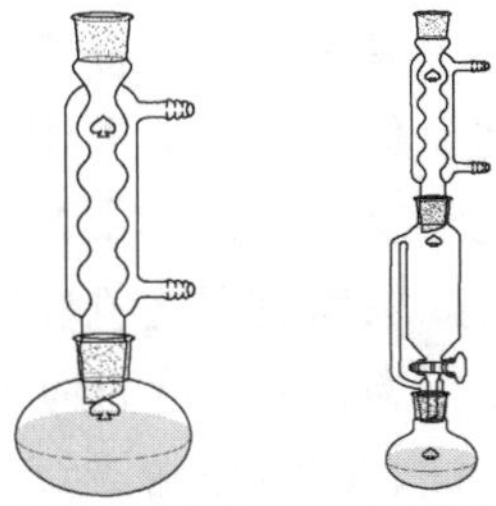

(a) 普通回流装置　(b) 索氏提取装置

图1-20　回流装置

九、pH试纸和普通干燥器的使用

（一）pH试纸的使用

pH试纸包括广泛pH试纸和精密pH试纸两类，用来检验溶液的pH。广泛pH试纸的变色范围是pH = 1～14，它只能粗略地估计溶液的pH。精密pH试纸可以较精确地估计溶液的pH，根据其变色范围可分为多种，如pH变色范围为3.8～5.4、8.2～10.0等。可以根据待测溶液的酸碱性，选用某一变色范围的试纸。

pH试纸主要用来粗略测量溶液pH大小。广泛pH试纸遇到酸碱性强弱不同的溶液时，显示出不同的颜色，可与标准比色卡对照确定溶液的pH。巧记颜色：赤（pH = 1或2）、橙（pH = 3或4）、黄（pH = 5或6）、绿（pH = 7或8）、青（pH = 9

或 10)、蓝(pH = 11 或 12)、紫(pH = 13 或 14)。

具体的使用方法如下：①检验溶液的 pH 时，取一小块试纸放在表面皿或玻璃片上，用蘸有待测液的玻璃棒或胶头滴管点于试纸的中部，观察颜色的变化，与标准比色卡对照，判断溶液的酸碱性。②检验气体的性质时，先用去离子水把试纸润湿，粘在玻璃棒的一端，用玻璃棒把试纸靠近气体，观察颜色的变化，与标准比色卡对照，判断气体的酸碱性。

使用时还应注意：①试纸不可直接伸入溶液。②试纸不可接触试管口、瓶口、导管口等。③测定溶液的 pH 时，试纸不可用去离子水润湿，因为润湿试纸相当于稀释被检验的溶液，导致测量不准确。正确的方法是用蘸有待测液的玻璃棒点在试纸的中部，待试纸变色后，再与标准比色卡比较确定溶液的 pH。④取出试纸后，应将盛放试纸的容器盖严，以免被实验室的其他气体污染。

(二) 干燥器的使用

干燥器有很多种，实验室最常用的干燥器是一个比较大的玻璃容器，盖子是磨口的，一般在磨口上涂一层凡士林密封容器，中间是一块多孔的瓷板用于放置需要干燥的物品，瓷板下面一般放入“变色硅胶”(实验室常用的一种干燥剂)或无水氯化钙，一般不用浓硫酸(除特殊情况外)，因为如果有物品掉入，可能会发生化学反应。这种干燥器不需要加温，只需更换干燥剂，变色硅胶还可以循环使用，如果颜色由蓝色变成了浅红色(受潮后成为水合 Co^{2+}的颜色)，表明干燥剂失去了干燥作用，这时应将干燥剂放到恒温干燥箱中，在 105～120℃条件下进行干燥，使它的颜色由浅红色变为蓝色(无水 Co^{2+}的颜色)即可反复使用。

不同干燥剂的干燥能力不同。例如，硅胶在 20℃时，其充分干燥的 1 L 空气中残留水分为 6×10^{-3} mg；无水氯化钙在 25℃时，其充分干燥的 1 L 空气中残留水分小于 0.36 mg。

使用干燥器时应注意下列事项：

(1) 干燥剂用量不能太多，以免沾污坩埚底部。

(2) 搬移干燥器时，要用双手端着，为了避免盖子滑落，需用大拇指紧紧按住盖子。

(3) 打开干燥器时，不能向上掀盖，应用左手按住干燥器，右手小心地把盖子推开，倒置于桌面。

(4) 不可将太热的物体放入干燥器中。

(5) 较热的物体放入干燥器中后，空气受热膨胀会把盖子顶起来，为了防止盖子被顶翻，应当用手按住，不时把盖子稍微推开(不到 1 s)，以放出热空气。

(6) 灼烧或烘干后的坩埚和沉淀，在干燥器内不宜放置过久，否则会因吸收一些水分而使质量略有增加。

十、天平的使用

(一)台秤的使用方法

1)称量原理

台秤又称为托盘天平，是实验室常用的称量工具，是根据杠杆原理制造的，一般能称准至 0.1 g。图 1-21 为双盘天平梁示意图，*O* 点为梁的支点，它把梁分为 *OA* 和 *OB* 两臂，并使 *OA* = *OB*，故双盘天平又称为等臂天平。被称物以力 W_1 作用于梁的 *A* 点上，砝码以力 W_2 作用于梁的 *B* 点上，当天平处于平衡状态时，支点两边力矩相等，$l_1W_1 = l_2W_2$。因为 $l_1 = l_2$，所以 $W_1 = W_2$。当忽略空气浮力时，W_1 和 W_2 分别为被称物和砝码的重力，又因重力与质量成正比，所以被称物的质量等于砝码的质量。托盘天平的结构如图 1-22 所示。

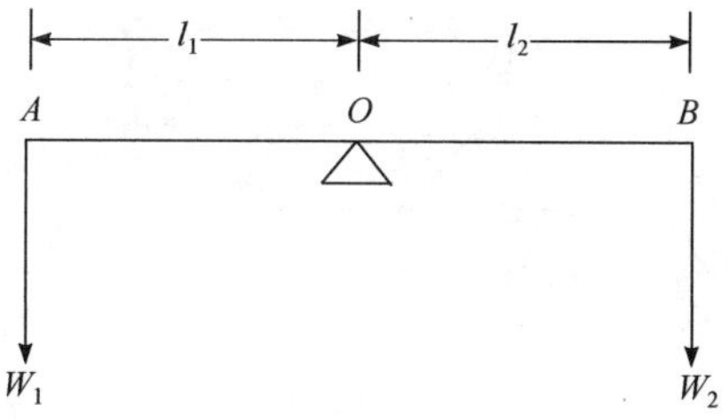

图 1-21　双盘天平梁示意图

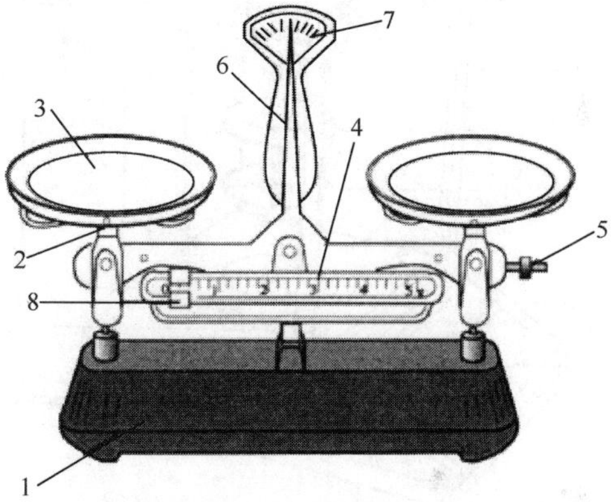

图 1-22　托盘天平的结构

1. 底座；2. 托盘架；3. 托盘；4. 游码标尺；5. 平衡调节螺丝；6. 指针；7. 刻度盘；8. 游码

2)使用方法

(1)称量前调零点：称量应先将游码拨至标尺的“0”处，观察指针在刻度盘中心线附近的摆动情况。若等距离摆动，表明台秤零点准确，否则应调节托盘下的平衡调节螺丝，直至指针在中心线左右等距离摆动，或停在中心线上为止。

(2)称量：被称物放在左盘中。10 g(或 5 g)以上的砝码放在右盘中，10 g(或 5 g)以下则通过移动标尺上的游码来调节。当指针在中心线左右等距离摆动或指在中心线上时，砝码所示总质量加游码读数质量为被称物的质量。

3)注意事项

(1)被称物不能直接放在托盘上，依其性质放在纸上、表面皿上或其他容器中，要保持托盘洁净、无沾染。

(2)不能称量热的物品。

(3)称量完毕后，台秤与砝码要恢复原状。

(4)要保持台秤和砝码的清洁。

(二)电子天平的使用方法

1)称量原理

电子天平是最新一代的天平，是基于电磁学原理制造的，有顶部承载式(吊挂单盘)和底部承载式(上皿式)两种结构。一般都装有小型计算机，具有数字显示、自动调零、自动校准、扣除皮重、输出打印等功能。电子天平操作简便，称量速度很快，结构示意图见图 1-23。

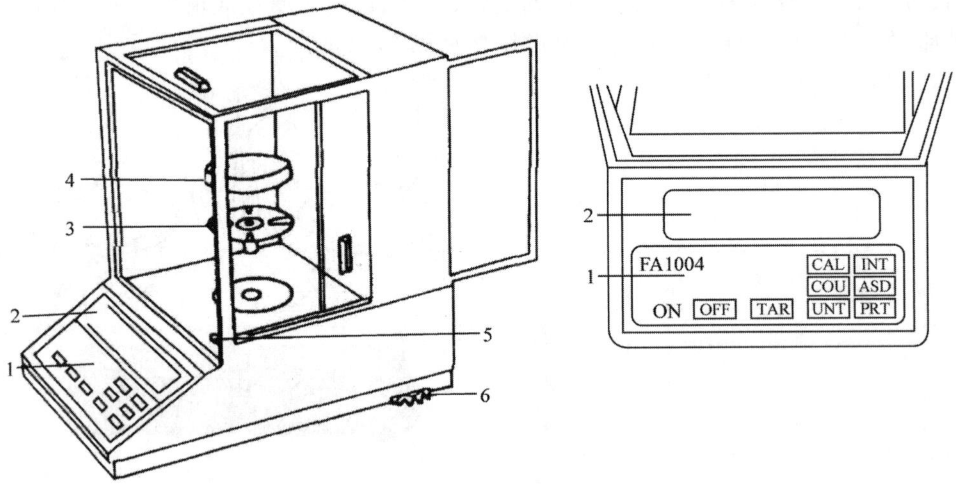

图 1-23　电子天平结构示意图

1. 键板；2. 显示器；3. 盘托；4. 秤盘；5. 水平仪；6. 水平调节

电子天平测量原理示意图见图 1-24。将天平传感器的平衡结构简化为一杠杆，杠杆以支点 O 支撑，左边是秤盘，右边连接线圈即零位指示器。零位指示器置于一固定位置，天平空载时，杠杆始终趋于某一位置，即天平的零点。当天平加载物体时，杠杆偏离零点，零点指示器产生偏差信号，通过放大和 PID(比例-积分-微分)调节来控制流入线圈的电流 I，使之增大，位于磁场中的通电线圈将产生电磁力 F，由于通电线圈位于恒定电场中，因此电磁力 F 也相应增大，指导电磁力 F 的大小与加载物体的重量相等，偏差消除，杠杆重新回到天平的零点。即恒定磁场中通过线圈的电流强度 I 与被测物的质量成正比，只要测定流入线圈的电流强度 I，就可知被测物体的质量。

2)称量方法

(1)开启、预热。把天平调整到水平状态，轻按 ON 键，显示器全亮，然后显示天平型号，再显示称量形式。预热通常需 1 h。

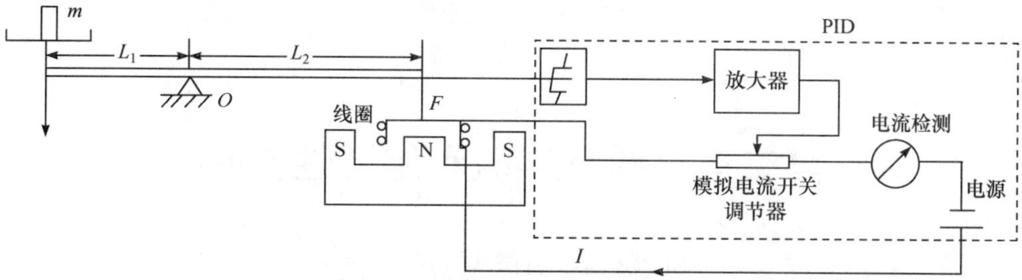

图 1-24　电子天平测量原理示意图

(2)校准。轻按 CAL 键，进入校准状态，用标准砝码(如 100 g)进行。

(3)称量。取下标准砝码，零点显示稳定后即可进行称量。如用小烧杯称取样品时，可先将洁净干燥的小烧杯放在秤盘中央，显示数字稳定后按 TAR 去皮键，显示即恢复为零，再缓缓加样品至显示出所需样品的质量时，停止加样，直接记录样品的质量。

当天平使用完毕(短时间内不再使用)，应关闭天平，切断电源。

3)称样方法

(1)直接称量法。对于在空气中稳定、不易吸湿的物质可以用直接称量法称量。即先称盛器，然后把试样放到盛器中再称准其质量，两次质量之差即为试样的质量。

(2)减量称量法。一般的试样或基准物都是盛于称量瓶中用减量法称量的，称量瓶的取用方法如图 1-25 和图 1-26 所示。称量时，把试样放在称量瓶中，称其质量 m_1，敲出一定量的试样于盛器后，再称其质量 m_2，前后两次质量之差就是敲出的试样的净质量。

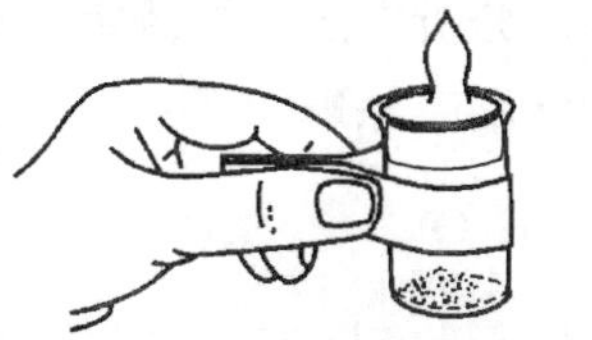

图 1-25　称量瓶的拿取方法

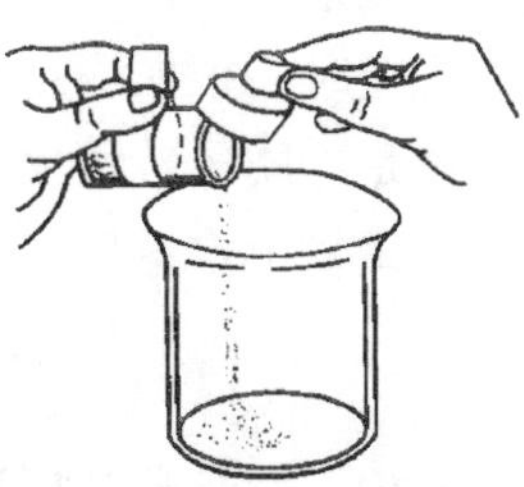

图 1-26　敲击取样方法

通过连续称量，可得到多份试样，其中，第 1 份试样质量：$m_1 - m_2$；第 2 份试样质量：$m_2 - m_3$；第 3 份试样质量：$m_3 - m_4$。若需称 n 份试样，则要进行 $n + 1$ 次称量。

第二章　验证实验和综合性实验

实验一　酸碱滴定法

一、预习内容

1. 一级标准物质的概念。
2. 酸、碱标准溶液的配制、标定方法。
3. 移液管、容量瓶、滴定管的使用方法及其规范化操作。
4. 滴定分析的步骤、滴定终点、滴定误差、滴定计算。

二、实验目的

1. 了解酸、碱标准溶液配制及标定的方法。
2. 掌握酸碱滴定的基本原理和计算方法。
3. 练习滴定操作，学会准确判断终点的方法。

三、实验原理

滴定分析法是将一种标准溶液，用滴定管滴加到一定量的试样溶液中，当两者定量反应完全时，根据滴定消耗的标准溶液的体积，计算出试样含量的方法。而酸碱滴定法是以质子转移反应为定量基础的滴定分析方法，可测定酸碱含量，或测定能与酸碱发生定量反应的物质的含量。酸碱反应原理如下：

$$H_3O^+ + OH^- \rightleftharpoons H_2O + H_2O$$

滴定分析的一般步骤为标准溶液的配制、标准溶液的标定、试样含量的测定。按所用化学试剂纯度的不同，配制标准溶液的方法有直接法和间接法两种。若试剂纯度高、性质稳定、组成与化学式完全符合则称为一级标准物质。一级标准物质可直接配制准确浓度的标准溶液。很多试剂难以达到一级标准物质的要求，只能用间接法配制标准溶液。用间接法配制标准溶液时，先配成近似浓度的溶液，再利用一级标准物质或另一种标准溶液通过滴定和计算，确定间接法配制的标准溶液的准确浓度。

1. 酸、碱标准溶液的配制及标定

常用的酸标准溶液是 HCl 溶液，碱标准溶液是 NaOH 溶液，都只能用间接法配制。标定酸溶液的一级标准物质有无水 Na_2CO_3 和硼砂（$Na_2B_4O_7 \cdot 10H_2O$）等，标定碱溶液的一级标准物质有邻苯二甲酸氢钾（$KHC_8H_4O_4$）和草酸（$H_2C_2O_4 \cdot 2H_2O$）等。

本实验用硼砂（$M_r = 381.4$）来标定 HCl 的浓度，选用的指示剂为甲基红。其滴定反应如下：

$$Na_2B_4O_7 \cdot 10H_2O + 2HCl = 2NaCl + 5H_2O + 4H_3BO_3$$

计量点时，$n(HCl) = 2n(Na_2B_4O_7 \cdot 10H_2O)$，则有

$$c(HCl) \cdot V(HCl) = \frac{2m_B \times \frac{25.00}{250.00} \times 1000}{M(Na_2B_4O_7 \cdot 10H_2O)} \tag{2-1}$$

式中，m_B 为硼砂的质量。

标定 NaOH 溶液用 $KHC_8H_4O_4$（$M_r = 204.2$），选用的指示剂为酚酞，其滴定反应如下：

$$KHC_8H_4O_4 + NaOH = KNaC_8H_4O_4 + H_2O$$

计量点时，$n(NaOH) = n(KHC_8H_4O_4)$，则有

$$c(NaOH) \cdot V(NaOH) = \frac{m_B}{M(KHC_8H_4O_4)} \tag{2-2}$$

式中，m_B 为 $KHC_8H_4O_4$ 的质量。

2. 酸、碱标准溶液准确浓度的确定

通过酸、碱浓度的比较，利用已知浓度的标准溶液可确定未知溶液的准确浓度。例如，用 $0.1000\ mol \cdot L^{-1}$ HCl 标准溶液滴定 NaOH 试样溶液，直到反应定量完成为止，根据所滴定消耗的 HCl 标准溶液的浓度和体积，即可计算 NaOH 的准确浓度。其反应原理和计算公式如下：

$$NaOH + HCl = NaCl + H_2O$$

计量点时，$n(HCl) = n(NaOH)$，则有

$$c(HCl) \cdot V(HCl) = c(NaOH) \cdot V(NaOH) \tag{2-3}$$

用 HCl 标准溶液滴定 NaOH 试样溶液时，可选择甲基橙为指示剂，终点颜色由黄色变为橙色。通过甲基橙指示剂的颜色改变，确定该滴定反应终点的到达，即意味着酸碱反应定量反应完全。

四、仪器与试剂

仪器：分析天平，托盘天平，量筒（10 mL，500 mL × 2），酸式滴定管（50 mL），铁架台，移液管（25 mL），容量瓶（250 mL），烧杯（250 mL × 3），玻璃棒，试剂瓶（500 mL × 2），滴管，洗瓶，洗耳球，锥形瓶（250 mL × 3）。

试剂：固体 NaOH，6 mol · L^{-1} HCl 溶液，硼砂（基准试剂），甲基橙指示剂，甲基红指示剂。

五、实验步骤

1. 酸、碱标准溶液的配制

1）配制近似 0.1 mol · L^{-1} HCl 溶液 500 mL

计算所需 6 mol · L^{-1} HCl 溶液的体积，用量筒量取其体积，倒入 250 mL 烧杯中，用 100 mL 去离子水稀释，放冷后转移到 500 mL 量筒中，并定容至 500 mL。再转移到 500 mL 试剂瓶中，盖上玻璃塞，充分摇匀，贴上标签，注明溶液的名称、配制日期，备用。

2）配制近似 0.1 mol · L^{-1} NaOH 溶液 250 mL

计算所需 NaOH 固体的质量，用托盘天平称取其质量，然后于 250 mL 烧杯中加入 100 mL 去离子水，用玻璃棒搅拌使固体充分溶解，放冷后转移到 500 mL 量筒中，加水定容至 250 mL。然后再转移到 500 mL 试剂瓶中，盖上橡胶塞，充分摇匀，贴上标签，注明溶液的名称、配制日期，备用。

2. HCl 标准溶液的标定

1）硼砂溶液的配制

用分析天平采用减量法准确称取一级标准物质硼砂 4.5～5.0 g（精确至 ± 0.0001 g），置于干燥洁净的烧杯中，加入 50 mL 去离子水，缓缓加热并搅拌振摇使其溶解，冷却后完全转移至 250 mL 容量瓶中，加去离子水稀释定容至刻度，摇匀待用。

2）HCl 标准溶液的直接标定

取一支 50 mL 酸式滴定管，按照滴定管的基本操作要求做好准备。用配好的 HCl 标准溶液润洗滴定管 3 次，然后装满 HCl 溶液至零刻度线以上，检查有无气泡并调整液面至零刻度线。用移液管吸取 25.00 mL 硼砂溶液放入 250 mL 的洁净锥形瓶内，加甲基红指示剂 1～2 滴，用 HCl 标准溶液滴至从黄色变为微红色为止，记录读数。重复滴定 2 次。根据 3 次滴定结果，计算出 HCl 溶液的准确浓度。

3. NaOH 溶液准确浓度的确定

用标定过的 HCl 标准溶液滴定近似 0.1 mol · L^{-1} 的 NaOH 溶液。

(1) 用 25 mL 洁净的移液管，吸取 25.00 mL 配好的 NaOH 溶液放入 250 mL 洁净的锥形瓶中，加入 1～2 滴甲基橙指示剂，摇匀，溶液呈黄色。

(2) 用 HCl 标准溶液滴定至溶液颜色恰好变为橙色即达滴定终点，记录所耗用 HCl 溶液的体积。

(3) 重复滴定 2 次。根据 3 次滴定结果，计算 NaOH 的准确浓度。

六、数据记录与处理

数据记录与处理见表 2-1 和表 2-2。

表 2-1 硼砂标定 HCl 溶液

项目	1	2	3
$m(Na_2B_4O_7 \cdot 10H_2O)$/g			
$V(HCl)_{初读数}$/mL			
$V(HCl)_{终读数}$/mL			
$\Delta V(HCl)$/mL			
$c(HCl)/(mol \cdot L^{-1})$			
$c_{平均}(HCl)/(mol \cdot L^{-1})$			
相对平均偏差			

表 2-2 HCl 溶液标定 NaOH 溶液

项目	1	2	3
$V(HCl)_{初读数}$/mL			
$V(HCl)_{终读数}$/mL			
$\Delta V(HCl)$/mL			
$c(NaOH)/(mol \cdot L^{-1})$			
$c_{平均}(NaOH)/(mol \cdot L^{-1})$			
相对平均偏差			

七、思考题

1. 用 HCl 标准溶液滴定 NaOH 溶液时，以下情况对滴定的最终结果有无影响？

(1) 滴定管下端气泡未赶尽。

(2)滴定近终点时，用去离子水冲洗锥形瓶内壁。

(3)滴定完后，尖嘴外挂有液滴。

(4)滴定过程中，向锥形瓶中加少量去离子水。

2. 用 HCl 标准溶液滴定硼砂溶液时，是否可以选用甲基红作指示剂？

3. 标定用的一级标准物质应具备哪些条件？

（吴　庆）

实验二　配位滴定法测定葡萄糖酸钙的含量

一、预习内容

1. 配位滴定所依据的化学反应及配位滴定的基本过程。
2. 配位滴定法测定葡萄糖酸钙中钙含量的原理和方法。

二、实验目的

1. 了解 EDTA 标准溶液的配制方法。
2. 掌握铬黑 T 的使用条件和方法。
3. 熟悉配位滴定的基本过程。
4. 学会用配位滴定法测片剂中葡萄糖酸钙的含量。

三、实验原理

EDTA 是乙二胺四乙酸及其二钠盐的简称。因乙二胺四乙酸难溶于水，通常采用易溶于水的乙二胺四乙酸二钠盐($Na_2H_2Y \cdot 2H_2O$)来配制标准溶液。

葡萄糖酸钙片是临床上的常用药，其所含葡萄糖酸钙的量通常采用配位滴定法测定。方法为：以 pH≈10 的 NH_3-NH_4Cl 缓冲溶液调节溶液酸碱度，以铬黑 T 为指示剂，用 EDTA 标准溶液直接滴定葡萄糖酸钙片配制的待测溶液。为防止因 Ca^{2+}与铬黑 T 形成的配位化合物不稳定而引起的终点提前到达问题，实验中应加入少量的 Mg^{2+}作为辅助指示剂。为使加入的 Mg^{2+}不影响测定结果，先用 EDTA 标准溶液滴定至纯蓝色，之后再加入待测葡萄糖酸钙待测溶液，最后再次用 EDTA 标准溶液滴定待测溶液至恰为纯蓝色。根据消耗的 EDTA 的物质的量计算出片剂中葡萄糖酸钙的含量。由于 EDTA 和铬黑 T 均能与 Ca^{2+}及 Mg^{2+}结合，所形成的配位化合物的稳定常数大小顺序为：$CaY^{2-} > MgY^{2-} > MgIn^- > CaIn^-$。$Ca^{2+}$、$Mg^{2+}$与 EDTA 形成的配位化合物均为无色，$Ca^{2+}$、$Mg^{2+}$与铬黑 T 形成的配位化合物均为酒红色，而铬黑 T 本身在 pH≈10 NH_3-NH_4Cl 缓冲溶液中呈纯蓝色。

实验时，在锥形瓶中加入去离子水、NH_3-NH_4Cl 缓冲溶液、Mg^{2+}及铬黑 T，溶液呈酒红色，用 EDTA 标准溶液滴定至溶液恰好呈纯蓝色，记录终点时滴定管的读数为 V_1。该过程所发生的化学反应如下：

$$Mg^{2+} + HIn^{2-} \rightleftharpoons MgIn^{-}\text{(酒红色)} + H^{+}$$

$$MgIn^{-} + H_2Y^{2-} \rightleftharpoons MgY^{2-} + HIn^{2-}\text{(纯蓝色)} + H^{+}$$

在上述溶液中加入葡萄糖酸钙待测溶液后，发生下列两个反应：

$$Ca^{2+} + MgY^{2-} \rightleftharpoons CaY^{2-} + Mg^{2+}$$

$$Mg^{2+} + HIn^{2-} \rightleftharpoons MgIn^{-}\text{(酒红色)} + H^{+}$$

此时，Mg^{2+}与铬黑 T 发生配位反应生成的 $MgIn^{-}$使溶液颜色又呈现酒红色。随后再次用 EDTA 标准溶液滴定已加入葡萄糖酸钙的待测溶液，H_2Y^{2-}先与游离的 Ca^{2+}发生配位反应，最后 H_2Y^{2-}与 $MgIn^{-}$反应生成铬黑 T，溶液颜色由酒红色恰好变为纯蓝色即为滴定终点，记录此时滴定管读数为 V_2，所发生反应为

$$Ca^{2+} + H_2Y^{2-} \rightleftharpoons CaY^{2-} + 2H^{+}$$

$$MgIn^{-} + H_2Y^{2-} \rightleftharpoons MgY^{2-} + HIn^{2-}\text{(纯蓝色)} + H^{+}$$

葡萄糖酸钙的含量按公式(2-4)计算。

$$w(\text{葡萄糖酸钙}) = \frac{c(\text{EDTA}) \times \Delta V(\text{EDTA}) \times M(\text{葡萄糖酸钙})}{m(\text{葡萄糖酸钙片}) \times \dfrac{25.00}{250.00}} (\text{mg} \cdot \text{g}^{-1}) \quad (2\text{-}4)$$

四、仪器与试剂

仪器：电子天平，酸式滴定管(50 mL)，锥形瓶(250 mL × 3)，移液管(25 mL)，烧杯(250 mL × 2)，洗瓶，容量瓶(250 mL × 2)，量筒(10 mL × 2)。

试剂：NH_3-NH_4Cl 缓冲溶液(pH≈10)，1% $MgSO_4$，$Na_2H_2Y \cdot 2H_2O$(分析纯)，铬黑 T，葡萄糖酸钙片。

五、实验步骤

1. EDTA 标准溶液的配制

用电子天平称取 1.0～1.1 g 分析纯 $Na_2H_2Y \cdot 2H_2O$ 于烧杯中，用 50 mL 去离子水溶解后，转移至 250 mL 容量瓶中，加去离子水稀释定容至刻度，摇匀。计算其物质的量浓度[1]。

2. 葡萄糖酸钙待测溶液的配制

用电子天平准确称取葡萄糖酸钙片(每片含葡萄糖酸钙 0.5 g)2 片(所取片剂数量可根据片剂规格调整)置于烧杯中，用 50 mL 去离子水微热溶解，冷却后转移至 250 mL 容量瓶中，加去离子水定容至刻度，摇匀。

3. 葡萄糖酸钙含量的测定

(1)在 250 mL 的锥形瓶中分别加入去离子水 10 mL、NH_3-NH_4Cl 缓冲溶液 10 mL、1～2 滴 1% $MgSO_4$ 及适量铬黑 T 指示剂。

(2)取 EDTA 标准溶液 3～5 mL 润洗滴定管 2～3 次，然后将 EDTA 标准溶液装入滴定管，检查滴定管尖嘴部分有无气泡，若有气泡先排气泡，随后调整液面至零刻度线处或以下附近，用 EDTA 标准溶液滴定上述溶液到溶液颜色恰好变为纯蓝色，记录滴定管读数为 V_1(EDTA)。用移液管移取 25.00 mL 葡萄糖酸钙待测溶液置于上述锥形瓶中，继续用 EDTA 标准溶液滴定至溶液再次恰好呈纯蓝色，记录滴定管读数为 V_2(EDTA)。平行测定三次，计算待测样品中葡萄糖酸钙的含量及相对平均偏差。

六、数据记录与处理

按照表 2-3 记录实验数据并进行数据分析处理。

表 2-3　葡萄糖酸钙的含量测定

项目	1	2	3
m(EDTA)/g			
m(葡萄糖酸钙片)/g			
c(EDTA)/($mol \cdot L^{-1}$)			
V_1(EDTA)/mL			
V_2(EDTA)/mL			
ΔV(EDTA)/mL			
w(葡萄糖酸钙)/($mg \cdot g^{-1}$)			
w(葡萄糖酸钙)$_{平均}$/($mg \cdot g^{-1}$)			
相对平均偏差			

七、思考题

1. 在测定葡萄糖酸钙含量时，为什么要加入少量的 Mg^{2+}溶液？它会影响测定结果吗？

2. 三次平行测定中若第一次加入 Mg^{2+}的体积为 2 滴，第二次为 3 滴，第三次为 4 滴，这对测定结果有影响吗？

3. 为什么滴定过程中要加入 NH_3-NH_4Cl 缓冲溶液调节酸度？

注释：

[1] 在准确度要求较高的实验中常采用间接法配制其标准溶液，配制方法见实验三。

（邓世星）

实验三　配位滴定法测定水的总硬度

一、预习内容

1. 水的总硬度的概念及其表示方法。
2. 配位滴定法测定水的总硬度的原理和方法。

二、实验目的

1. 学习 EDTA 标准溶液的配制及标定方法。
2. 掌握配位滴定法测定水的总硬度的原理及方法。

三、实验原理

EDTA 通常含有 0.3%的结晶水，相对分子质量为 392.28。在准确度要求较高的实验中常采用间接法配制其标准溶液，即先配制成所需近似浓度的溶液，再用一级标准物质进行标定。标定 EDTA 溶液可用 $CaCO_3$、ZnO、CaO、纯锌及纯铜等标准物质。

水的硬度主要是由于水中含有钙盐和镁盐。水的硬度测定是水质分析的常规项目。水的总硬度是指水中含有 Ca^{2+}、Mg^{2+}的总量，目前表示水的硬度有多种方法，通常采用的方法是将水中 Ca^{2+}、Mg^{2+}的总量换算为 CaO，规定 1 L 水中含 10 mg CaO 为 1°(度)。水的总硬度按公式(2-5)计算。

$$\text{水的总硬度} = \frac{c(\text{EDTA}) \times \Delta V(\text{EDTA}) \times M(\text{CaO}) \times 100}{V_{\text{水样}}} \tag{2-5}$$

水的总硬度在 8°以下的为软水；8°以上的为硬水；大于 30°的为最硬水。生活饮用水的总硬度要求小于 25°。

测定水的总硬度实际上是测定水中 Ca^{2+}、Mg^{2+}的含量。通常采用配位滴定法，以 EDTA 为标准溶液，铬黑 T(EBT)为指示剂，采用 NH_3-NH_4Cl 缓冲溶液调节溶液的 pH 在 10 左右。用 EDTA 标准溶液滴定水中的 Ca^{2+}、Mg^{2+}，测定结果以度计。EDTA 在水中与 Ca^{2+}、Mg^{2+}发生配位反应，形成无色的配位化合物。反应如下：

$$Ca^{2+} + H_2Y^{2-} \rightleftharpoons CaY^{2-} + 2H^+$$

$$Mg^{2+} + H_2Y^{2-} \rightleftharpoons MgY^{2-} + 2H^+$$

滴定终点的判断可用金属指示剂，常用金属指示剂是铬黑 T。在 pH≈10 的缓冲溶液中铬黑 T 呈纯蓝色。当铬黑 T 与 Ca^{2+}、Mg^{2+}发生反应后生成酒红色的配位化合物，借助溶液颜色的变化指示滴定的终点。滴定过程中所发生的化学反应及溶液颜色变化情况如下：

滴定前　$Mg^{2+} + HIn^{2-} \rightleftharpoons MgIn^-$(酒红色) $+ H^+$

滴定中　$Ca^{2+} + H_2Y^{2-} \rightleftharpoons CaY^{2-} + 2H^+$

终点时　$MgIn^- + H_2Y^{2-} \rightleftharpoons MgY^{2-} + HIn^{2-}$(纯蓝色) $+ H^+$

滴定过程中如有金属离子干扰，可采取掩蔽的方法消除干扰。Fe^{3+}、Al^{3+}可用三乙醇胺掩蔽，Cu^{2+}、Pb^{2+}可用 KCN、Na_2S 掩蔽，其他重金属离子可用铜试剂掩蔽。

四、仪器与试剂

仪器：台秤，电子天平，酸式滴定管(50 mL)，容量瓶(250 mL × 2)，锥形瓶(250 mL × 3)，移液管(25 mL)，烧杯(50 mL，250 mL)，试剂瓶(250 mL)，量筒(10 mL)，滴管。

试剂：水样、NH_3-NH_4Cl 缓冲溶液(pH≈10)，3 mol · L^{-1} HCl 溶液，EDTA(分析纯)，$CaCO_3$(分析纯)，铬黑 T，20%三乙醇胺。

五、实验步骤

1. 近似 0.01 mol · L^{-1} EDTA 溶液的配制

用台秤称取 1.0～1.1 g EDTA 固体置于烧杯中，加去离子水微热溶解后转移至 250 mL 容量瓶中，加水稀释至刻度，摇匀备用。

2. EDTA 溶液的浓度标定

(1)用电子天平准确称取 0.24～0.26 g 已干燥的分析纯 $CaCO_3$，置于洁净的小烧杯中，加几滴去离子水润湿，用滴管缓慢逐滴加入 3 mol · L^{-1} HCl 溶液直至其完全溶解，转移到 250 mL 容量瓶中，加水稀释至刻度，摇匀备用，并计算出其准确浓度。

(2)用移液管移取 25.00 mL $CaCO_3$ 溶液于 250 mL 锥形瓶中，加入 10 mL pH≈10 的 NH_3-NH_4Cl 缓冲溶液及适量铬黑 T 指示剂。用所配制的 EDTA 溶液滴定至溶液由酒红色恰好变为纯蓝色即为终点。平行测定三次，计算实验的相对平均偏差和 EDTA 的浓度。

3. 水的总硬度的测定

用移液管移取 25.00 mL 水样(所取水样量可根据水的硬度不同而改变)于 250 mL 锥形瓶中，加入 2～4 滴 3 mol · L^{-1} HCl 溶液酸化，煮沸数分钟后除去 CO_2，冷却后加入 5 mL 20%三乙醇胺，再加入 10 mL pH≈10 的 NH_3-NH_4Cl 缓冲溶液及适量铬黑 T 指示剂。用 EDTA 标准溶液滴定至溶液由酒红色恰好变为纯蓝色即为终点。平行测定三次，计算实验的相对平均偏差及水的总硬度，水的总硬度用公式(2-5)计算。

六、数据记录与处理

按照表 2-4 和表 2-5 记录实验数据并进行数据分析处理。

表 2-4　EDTA 溶液的浓度标定

测定次数	1	2	3
$m(CaCO_3)$/g			
$V(EDTA)_{初读数}$/mL			
$V(EDTA)_{终读数}$/mL			
$\Delta V(EDTA)$/mL			
$c(EDTA)/(mol \cdot L^{-1})$			
$c_{平均}(EDTA)/(mol \cdot L^{-1})$			
相对平均偏差			

表 2-5　水的总硬度的测定

测定次数	1	2	3
V(水样)/mL			
$V(\mathrm{EDTA})_{初读数}$/mL			
$V(\mathrm{EDTA})_{终读数}$/mL			
ΔV(EDTA)/mL			
水的总硬度/(°)			
水的总硬度$_{平均}$/(°)			
相对平均偏差			

七、思考题

1. 什么是水的暂时硬度、永久硬度和总硬度？
2. EDTA 标准溶液的配制方法有几种？

（邓世星）

实验四　药用氯化钠的制备、性质及杂质限度检查

一、预习内容

1. 蒸发、浓缩、结晶的概念和基本操作方法。
2. 减压抽滤、烘干等基本操作技术。
3. SO_4^{2-}、Ca^{2+}、Mg^{2+}等离子的检验方法。
4. NaCl 提纯的步骤。

二、实验目的

1. 掌握提纯 NaCl 的原理和方法。
2. 熟悉溶解、沉淀、减压过滤、蒸发浓缩、结晶和烘干等基本操作。
3. 掌握SO_4^{2-}、Ca^{2+}、Mg^{2+}等离子的定性检验操作。

三、实验原理

药用 NaCl 是以粗食盐为原料提纯的。粗食盐中除含有少量不溶性杂质外，

还含有 K^+、Ca^{2+}、Mg^{2+}、Fe^{3+}、SO_4^{2-}、CO_3^{2-} 等杂质离子。这些杂质的存在不仅使食盐极易潮解，也不能满足药用的要求，因此制备药用 NaCl 必须除去这些杂质。通常选用一些合适的试剂使 Ca^{2+}、Mg^{2+}、Fe^{3+}、SO_4^{2-} 生成不溶性化合物与粗盐中的不溶性杂质一起除去。

具体方法是：在粗盐饱和溶液中加入 $BaCl_2$ 溶液，除去 SO_4^{2-}：

$$Ba^{2+} + SO_4^{2-} = BaSO_4\downarrow$$

然后加入饱和的 Na_2CO_3 溶液，除去 Ca^{2+}、Mg^{2+}、Fe^{3+}和 Ba^{2+}：

$$Ca^{2+} + CO_3^{2-} = CaCO_3\downarrow$$

$$2Mg^{2+} + 2CO_3^{2-} + H_2O = [Mg_2(OH)_2]CO_3\downarrow + CO_2\uparrow$$

$$2Fe^{3+} + 3CO_3^{2-} + 3H_2O = 2Fe(OH)_3\downarrow + 3CO_2\uparrow$$

$$Ba^{2+} + CO_3^{2-} = BaCO_3\downarrow$$

过量的 CO_3^{2-} 用 HCl 中和后除去，粗盐中 K^+ 和上述沉淀剂不发生反应，仍留在溶液中，由于 KCl 的溶解度比 NaCl 大，而且在食盐中含量极小，因此在浓缩 NaCl 溶液时，NaCl 结晶出来，KCl 仍留在溶液中，吸附在 NaCl 晶体上的 KCl 可用无水乙醇洗涤而除去，再进一步用水浴加热，除去少量水、无水乙醇和 HCl，最后得到纯度很高的 NaCl。《中华人民共和国药典》（简称《药典》）规定药用 NaCl 必须进行溶液澄清度、酸碱度、钡盐、碘化物、溴化物、钙盐、镁盐、铁盐、重金属等指标检验。

四、仪器与试剂

仪器：布氏漏斗，抽滤瓶，蒸发皿，托盘天平，真空泵，玻璃漏斗，滤纸，pH 试纸，电加热板，烧杯（50 mL，200 mL），试管架及试管，量筒（100 mL），滴管，比色管（25 mL，50 mL）。

试剂：6 $mol \cdot L^{-1}$ HCl 溶液，3 $mol \cdot L^{-1}$ HAc 溶液，1 $mol \cdot L^{-1}$ NaOH 溶液，饱和 Na_2CO_3 溶液，1 $mol \cdot L^{-1}$ $BaCl_2$ 溶液，0.5 $mol \cdot L^{-1}$ $(NH_4)_2C_2O_4$ 溶液，镁试剂，粗食盐，无水乙醇，25% KSCN 溶液，2 $mol \cdot L^{-1}$ HCl 溶液，2 $mol \cdot L^{-1}$ H_2SO_4 溶液，0.1%麝香草酚蓝溶液，0.1 $mol \cdot L^{-1}$ 四苯硼钠溶液，0.020 $mol \cdot L^{-1}$ NaOH 溶液，0.020 $mol \cdot L^{-1}$ HCl 溶液，K_2SO_4 固体。

五、实验步骤

1. 粗盐的溶解

用托盘天平称取 15 g 粗食盐，放入 200 mL 烧杯中，再加入 50 mL 去离子水，放在电加热板上加热搅拌至完全溶解。

2. SO_4^{2-} 的去除

将上述溶液加热至近沸，在搅拌下逐滴加入 1 mol · L^{-1} $BaCl_2$ 溶液 3～5 mL，继续加热 5 min，使沉淀颗粒长大而易于沉降，然后用玻璃漏斗过滤。

3. 除去 Ca^{2+}、Mg^{2+}、Ba^{2+}、Fe^{3+}等阳离子

将所得滤液加热至近沸，搅拌下滴加饱和 Na_2CO_3 溶液至不再产生沉淀，然后再加 0.5 mL 饱和 Na_2CO_3 溶液，静置，用玻璃漏斗过滤除去沉淀。

4. 除去过量的 CO_3^{2-}

向上述滤液中滴加 6 mol · L^{-1} 的 HCl，加热搅拌，中和至溶液 pH 为 2～3（用 pH 试纸检查）。

5. 浓缩与结晶

将调节好 pH 的溶液倒入烧杯中，放在电加热板上蒸发浓缩至溶液变为黏稠状为止，冷却至室温，使 NaCl 充分结晶，然后用真空泵减压抽滤，母液倒入回收瓶中，用滴管吸取无水乙醇淋洗晶体 2～3 次，将 NaCl 晶体转移到蒸发皿中，在石棉网上用小火烘干，冷却后称量，计算产率。如得到的 NaCl 不纯，必须进行重结晶。

6. NaCl 纯度检查

称取 NaCl 晶体和粗盐各 1.0 g，分别溶于 5 mL 去离子水中，然后各分盛于 3 支试管中，分成 3 组，进行下列离子的定性检验。

(1) SO_4^{2-} 检验。在第一组溶液中分别加入 2 滴 1 mol · L^{-1} $BaCl_2$ 溶液，观察是否产生沉淀，在提纯过的 NaCl 溶液中若无沉淀产生，则表明药用 NaCl 中的 SO_4^{2-} 检验合格。

(2) Ca^{2+}检验。在第二组溶液中分别加入 2 滴 0.5 mol · L^{-1} $(NH_4)_2C_2O_4$ 溶液，在提纯过的 NaCl 溶液中若无白色的草酸钙沉淀，则表明药用 NaCl 中的 Ca^{2+}检验合格。

(3) Mg^{2+}检验。在第三组溶液中分别加入 2～3 滴 1 mol · L^{-1} NaOH 溶液，使溶液呈碱性（用 pH 试纸检验），再加入 2～3 滴镁试剂，在提纯过的 NaCl 溶液中若无天蓝色的沉淀产生，则表明药用 NaCl 中的 Mg^{2+}检验合格。

(4) 溶液澄清度。称取 NaCl 晶体 2.0 g 加水 20 mL，完全溶解后呈无色透明

溶液。

(5) Fe^{3+}检验。称取 3.0 g NaCl 晶体，放入 25 mL 比色管中，加 20 mL 水溶解，再加 2.0 mL 25% KSCN 溶液和 2.0 mL 2 mol · L^{-1} HCl，然后稀释至刻度(25 mL)，摇匀，将试样液与标准液进行目视比色，确定 NaCl 结晶品的等级。具体的等级划分见实验十五。

(6) 酸碱度。称取 2.0 g NaCl 结晶，加去离子水 25 mL 完全溶解后，加 0.1% 麝香草酚蓝溶液两滴，如果此时溶液变成黄色，需滴加 0.020 mol · L^{-1} NaOH 溶液使其变成蓝色，所消耗的 0.020 mol · L^{-1} NaOH 溶液不能超过 0.1 mL。如果此时溶液变成蓝色或绿色，需滴加 0.020 mol · L^{-1} HCl 溶液使其变成黄色，所消耗的 0.020 mol · L^{-1} HCl 溶液不能超过 0.2 mL。表明药用 NaCl 的酸碱度检验合格。

(7) Ba^{2+}检验。取 NaCl 结晶 1.0 g 加去离子水 10 mL，完全溶解后分成两等份。其中一份滴加 2 mol · L^{-1} H_2SO_4溶液 1.0 mL，另一份加去离子水 1.0 mL，放置 2 min，两份溶液都清澈透明。表明药用 NaCl 的 Ba^{2+}检验合格。

(8) K^+检验。取 NaCl 结晶 2.0 g 放入 50 mL 比色管中，加去离子水 10 mL 完全溶解后，滴加 1 滴 3 mol · L^{-1} HAc(使溶液的 pH 为 5～6)，然后再加 0.1 mol · L^{-1} 四苯硼钠溶液 1.0 mL，加去离子水至刻度，如溶液显浑浊，与 1.0 mL K_2SO_4 标准溶液比较，浊度不得超过标准品。其反应式为

$$K^+ + B(C_6H_5)_4^- = KB(C_6H_5)_4 \downarrow \text{(白色)}$$

K_2SO_4 标准溶液的配制：在电子天平上称取 0.5570 g 干燥至恒量的 K_2SO_4，放入 50 mL 烧杯中加去离子水溶解，然后转移到 250 mL 容量瓶中，加去离子水至刻度，摇匀即可。

四苯硼钠溶液的配制：在电子天平上称取四苯硼钠 1.0 g，放入研钵中加去离子水 10 mL，研磨后，再加去离子水 40 mL 研匀，用滤纸过滤即可。

注意事项：

(1) $BaCl_2$ 溶液、Na_2CO_3 溶液等沉淀剂加入速度不宜过快，以免形成混晶，影响 NaCl 的产率。

(2) NaCl 溶液浓缩过程中，当液面出现晶膜，改用小火加热并不断搅拌，避免溶液溅出，影响 NaCl 的产率。

六、思考题

1. 本实验为什么用 Na_2CO_3 除去 Ca^{2+}、Mg^{2+}等杂质，而不用其他可溶性碳酸盐？除去 CO_3^{2-} (过量的沉淀剂)为什么要用盐酸而不用别的强酸？

2. 为什么用毒性较大的 $BaCl_2$ 除去 SO_4^{2-}，而不用无毒性的 $CaCl_2$？如何除去过量的 Ba^{2+}？

3. 如果产率过高，可能的原因是什么?

（张铭钦）

实验五 复方氢氧化铝药片中铝和镁的测定

一、预习内容

1. 配位滴定的概念和内容，返滴定法的操作。
2. 沉淀分离的操作方法。

二、实验目的

1. 了解配位滴定中的返滴定法。
2. 了解铝含量测定方法。
3. 学习成品药剂中组分含量测定的前处理方法。
4. 掌握沉淀分离的操作方法。

三、实验原理

胃舒平(别名复方氢氧化铝)是一种中和胃酸的药物，它的主要成分为氢氧化铝、三硅酸镁及少量颠茄流浸膏。在加工过程中，为了使药片成形，加了大量的糊精。该药具有中和胃酸、减少胃液分泌、保护胃黏膜及解痉、镇痛作用，临床上用于治疗胃酸过多、胃溃疡及胃痛等。其中的 $Al(OH)_3$ 起中和胃酸的作用。由于铝是一种慢性神经毒性物质，人体过多摄入会沉积，引起神经系统退行性变化，诱发阿尔茨海默病、肌萎缩等疾病。

胃舒平药片中 Al^{3+}和 Mg^{2+}的含量可用 EDTA 配位滴定法测定。

Al^{3+}的测定采用返滴定法：先将药片用酸溶解，分离除去不溶于水的物质。然后取一定体积的滤液，加入过量的 EDTA 溶液，调节溶液的 pH = 4 左右，煮沸数分钟后冷却至室温，再加入 0.2%二甲酚橙指示剂。用标准溶液返滴过量的 EDTA，测出 Al^{3+}的含量。

Mg^{2+} 的测定：在被测液中加入 20%六亚甲基四胺缓冲溶液使溶液中的 Al^{3+} 生成 $Al(OH)_3$ 沉淀，过滤将沉淀分离，在 pH 为 10 的条件下以铬黑 T 为指示剂，用 EDTA 标准溶液滴定滤液中 Mg^{2+}的含量。

四、仪器与试剂

仪器：分析天平，酸式滴定管(50 mL)，移液管(20 mL，25 mL)，吸量管(5 mL)，容量瓶(100 mL，250 mL × 3)，烧杯(100 mL，150 mL)，表面皿，锥形瓶，研钵。

试剂：EDTA(分析纯)，20%六亚甲基四胺，复方氢氧化铝试样，ZnO(基准试剂)，(1：1，体积比)HCl，(1：1，体积比)氨水，0.2%二甲酚橙，NH_3-NH_4Cl缓冲溶液(pH≈10)，0.05%甲基红指示剂，铬黑 T，NH_4Cl 固体，三乙醇胺。

五、实验步骤

1. EDTA 标准溶液的配制

称取 EDTA($Na_2H_2Y \cdot 2H_2O$，分析纯)1.86～1.95 g 于 100 mL 烧杯中，加去离子水使 EDTA 完全溶解后转移至 250 mL 容量瓶中，加去离子水稀释至刻度，摇匀。

2. 锌标准溶液的配制(约 0.02 $mol \cdot L^{-1}$)

用分析天平精确称量 ZnO 基准物 0.35～0.5 g 于 100 mL 烧杯中，用数滴水润湿后，盖上表面皿，从烧杯嘴处滴加 3 mL(1：1)HCl，待完全溶解后冲洗表面皿和杯壁，定量转移至 250 mL 容量瓶中，加去离子水稀释至刻度，摇匀。

Zn^{2+}标准溶液浓度的计算：

$$c(Zn^{2+}) = \frac{m(ZnO)}{81.38 \times 0.250} \tag{2-6}$$

3. EDTA 标准溶液浓度的标定

用移液管准确移取 25.00 mL 锌标准溶液于锥形瓶中，仔细滴加(1：1)氨水至开始出现 $Zn(OH)_2$ 白色沉淀，然后加入 10 mL NH_3-NH_4Cl 缓冲溶液，加去离子水 20 mL，铬黑 T 指示剂少许(1/2 火柴头大小)，摇匀，用 EDTA 标准溶液滴至溶液由酒红色变成纯蓝色，即达到终点。记录 EDTA 标准溶液的用量，再重复标定两次。

EDTA 标准溶液浓度计算：

$$c(EDTA) = \frac{c(Zn^{2+}) \cdot V(Zn^{2+})}{V(EDTA)} \tag{2-7}$$

4. 复方氢氧化铝片(胃舒平)药片中铝和镁的测定

1)样品处理

取胃舒平药片 10 片于研钵中，研细后，精密称取药粉 2 g 左右，放入 150 mL 烧杯中再加入(1：1)HCl 20 mL，加去离子水至 100 mL，煮沸，冷却后过滤，并用去离子水洗涤沉淀。收集滤液及洗涤液转移至 250 mL 容量瓶中，稀释至刻度，摇匀。

2) 铝的测定

用移液管准确吸取上述试液 25.00 mL 于 250 mL 锥形瓶中，再加 25 mL 去离子水，滴加(1∶1)氨水至刚出现浑浊，再加(1∶1)HCl 至沉淀恰好溶解。准确加入 EDTA 标准溶液 25.00 mL，再加入 20%六亚甲基四胺溶液 10 mL，煮沸 1 min 并冷却后，加入 0.2%二甲酚橙指示剂 2～3 滴，以锌标准溶液滴定至溶液由黄色转变为红色为终点，平行测定 3 次。根据 EDTA 标准溶液加入量与锌标准溶液滴定体积，计算每片药片中 $Al(OH)_3$ 的含量：

$$m[Al(OH)_3]=[c(EDTA)\times V(EDTA)-c(Zn^{2+})\times V(Zn^{2+})]\times M[Al(OH)_3]\times 10 \quad (2\text{-}8)$$

$$w[Al(OH)_3]=\frac{m[Al(OH)_3]}{m(总)}\times 100\% \quad (2\text{-}9)$$

3) 镁的测定

吸取上述试液 25.00 mL 于 250 mL 锥形瓶中，滴加(1∶1)氨水至刚出现沉淀，再加入(1∶1)HCl 至沉淀恰好溶解，加入固体 NH_4Cl 2.00 g，滴加 20%六亚甲基四胺溶液至沉淀出现，并过量 15 mL，加热至 80℃，维持 10～15 min。冷却后过滤，以少量去离子水洗涤沉淀数次。收集滤液与洗涤液于 250 mL 锥形瓶中，加入三乙醇胺 10 mL、NH_3-NH_4Cl 缓冲溶液 10 mL 及 0.05%甲基红指示剂 1 滴，铬黑 T 指示剂少许。用 EDTA 溶液滴定至试液由暗红色转变为蓝绿色为终点，平行测定 3 次。计算每片药片中镁的含量(以 MgO 表示)。

镁含量的计算：

$$m(MgO)=c(EDTA)\times V(EDTA)\times M(MgO)\times 10 \quad (2\text{-}10)$$

$$w(MgO)=\frac{m(MgO)}{m(总)}\times 100\% \quad (2\text{-}11)$$

注意事项：

(1) 胃舒平药片试样中铝、镁含量可能不均匀，为使测定结果具有代表性，本实验取较多样品，研细后再取部分进行分析。

(2) 实验结果表明，用六亚甲基四胺溶液调节 pH 分离 $Al(OH)_3$，结果比用氨水好，可以减少 $Al(OH)_3$ 的吸附。

(3) 测定镁时，加入一滴甲基红，能使终点更敏锐。

六、数据记录与处理

按照表 2-6～表 2-8 记录实验数据并进行数据分析处理。

表 2-6　EDTA 标准溶液浓度的标定

实验序号	1	2	3
$m(ZnO)/g$			
$V(EDTA)_{初读数}/mL$			
$V(EDTA)_{终读数}/mL$			
$c(EDTA)/(mol \cdot L^{-1})$			
$c(EDTA)_{平均}/(mol \cdot L^{-1})$			

表 2-7　胃舒平药片中铝含量的测定

实验序号	1	2	3
药片质量/g			
$V(Zn)_{初读数}/mL$			
$V(Zn)_{终读数}/mL$			
$w[Al(OH)_3]/\%$			
$w[Al(OH)_3]_{平均}/\%$			

表 2-8　胃舒平药片中镁含量的测定

实验序号	1	2	3
药片质量/g			
$V(EDTA)_{初读数}/mL$			
$V(EDTA)_{终读数}/mL$			
$w(MgO)/\%$			
$w(MgO)_{平均}/\%$			

七、思考题

1. 在分离铝后测定镁含量时，为什么要加入三乙醇胺溶液？
2. 能否通过改进实验条件用 EDTA 标准溶液直接滴定 Al^{3+}？
3. 在滴定 Al^{3+}和 Mg^{2+}时选择不同 pH 的依据是什么？

（张铭钦）

实验六　高锰酸钾标准溶液的配制和标定

一、预习内容

1. 自身催化剂、自身指示剂的概念，$KMnO_4$法滴定中温度的控制。
2. $KMnO_4$溶液的配制和保存方法。
3. $Na_2C_2O_4$基准试剂的制备。

二、实验目的

1. 掌握$KMnO_4$标准溶液的配制和保存方法。
2. 掌握标定$KMnO_4$溶液浓度的原理和方法。

三、实验原理

市售 $KMnO_4$ 中常含有其他杂质，所以不能用直接法配制标准溶液。另外，由于 $KMnO_4$ 的氧化能力很强，易与水中的还原性杂质发生反应自行分解，使其浓度不稳定，见光则分解更快，特别是配制初期浓度易发生改变。因此，只能配制近似浓度溶液，密闭储存于棕色瓶中，在暗处放置 7～14 d，后用砂芯漏斗过滤除去杂质，再标定。

标定的基准物质很多，其中最常用的是 $Na_2C_2O_4$，因为其不含结晶水，性质稳定，容易精制。在酸性条件下其标定反应为

$$2MnO_4^-(aq)+5C_2O_4^{2-}(aq)+16H_3O^+(aq) = 2Mn^{2+}(aq)+10CO_2\uparrow(g)+24H_2O(l)$$

其酸性条件常用H_2SO_4来控制，H_2SO_4适宜的酸度是 0.5～1.0 $mol \cdot L^{-1}$（不能选择HNO_3和 HCl，HNO_3具有氧化性，HCl 会被$KMnO_4$氧化，从而引起副反应的发生）。若酸度过高，$KMnO_4$ 会分解。上述反应速率较慢，需用加少量催化剂Mn^{2+}和升高温度（至 75℃）的方法来提高反应速率（不能超过 85℃，否则 $Na_2C_2O_4$会分解）。由于滴定反应产物有 Mn^{2+}，因此表现出自身催化特点。在滴定开始时先滴加 1～2 滴 $KMnO_4$标准溶液反应产生 Mn^{2+}后，可加快滴定速度。$KMnO_4$呈紫红色，只要MnO_4^-的浓度达到 2×10^{-6} $mol \cdot L^{-1}$，就能显示鲜明的颜色，其还原产物 Mn^{2+}几乎无色，因此可利用 $KMnO_4$自身作为指示剂，滴定至显微红色且 30 s 不褪色即为终点。

四、仪器与试剂

仪器：台秤，分析天平，砂芯漏斗，锥形瓶（250 mL × 3），试剂瓶（棕色，500 mL），

酸式滴定管(棕色，50 mL)，量筒(5 mL，10 mL，500 mL)，容量瓶(250 mL)，烧杯(50 mL，1000 mL)，移液管(25 mL)，称量瓶，洗耳球，玻璃棒，滴管。

试剂：$Na_2C_2O_4$(分析纯)，$KMnO_4$(分析纯)，3 mol · L^{-1} H_2SO_4。

五、实验步骤

(1) 0.004 mol · L^{-1} $KMnO_4$(M_r = 158.0)标准溶液的配制：在台秤上称取 0.32 g $KMnO_4$置于烧杯中，加去离子水约 100 mL 溶解，加水至 500 mL 煮沸，置于棕色试剂瓶中，放置 7 天左右。然后用砂芯漏斗过滤，滤液存放在棕色瓶中，待标定。

(2) $KMnO_4$ 标准溶液的标定：在分析天平上称取干燥至恒量的 0.32～0.34 g $Na_2C_2O_4$置于小烧杯中，加适量去离子水使其溶解，用玻璃棒转移至 250 mL 容量瓶中，再用少量去离子水洗烧杯 2～3 次，淋洗液一起转移到容量瓶中，加水稀释至刻度，摇匀。

(3) 用 25 mL 移液管准确移取 25.00 mL $Na_2C_2O_4$溶液于 250 mL 锥形瓶中，加 5 mL 3 mol · L^{-1} H_2SO_4，从滴定管中滴加几滴 $KMnO_4$标准溶液，加热，待溶液颜色全部褪去停止加热，继续滴定至显微红色且 30 s 不褪色即为终点。平行测定 3 次(相对平均偏差小于 0.2%)，根据 $KMnO_4$消耗的体积和 $Na_2C_2O_4$(M_r = 134.0)的质量，按式(2-12)计算 $KMnO_4$标准溶液的浓度：

$$c(KMnO_4)=\frac{2\times m(\text{总})\times\dfrac{25.00}{250.00}\times 1000}{5\times M(Na_2C_2O_4)\times V(KMnO_4)} \tag{2-12}$$

六、数据记录与处理

按照表 2-9 记录实验数据并进行数据分析处理。

表 2-9 $KMnO_4$标准溶液的标定

实验序号	1	2	3
$m(Na_2C_2O_4)$/g			
$V(Na_2C_2O_4)$/mL			
$V(KMnO_4)_{初读数}$/mL			
$V(KMnO_4)_{终读数}$/mL			
$\Delta V(KMnO_4)$/mL			
$c(KMnO_4)$/mL			
$c(KMnO_4)_{平均}$/mL			
相对平均偏差			

七、思考题

1. 在标定高锰酸钾溶液时，为什么要将溶液加热，而温度又不能太高(超过85℃)?

2. 标定高锰酸钾溶液时,为什么第一滴溶液滴入后褪色很慢,之后褪色变快?

3. 本实验中 $KMnO_4$ 为什么能作为指示剂?

4. 高锰酸钾法的测定条件是什么?

(张义娜)

实验七 药用过氧化氢质量浓度的测定

一、预习内容

1. $KMnO_4$ 法测定过氧化氢(双氧水)含量的方法。

2. 双氧水的用途、保存方法及含量表示方法。

二、实验目的

1. 掌握 $KMnO_4$ 法测定药用双氧水含量的方法。

2. 巩固滴定管、移液管的规范操作。

三、实验原理

市售药用双氧水是常用的医用消毒剂，浓度约 30 g · L^{-1}，既有氧化性，也有还原性。在稀酸溶液中，能被强氧化剂 $KMnO_4$ 定量地氧化成 H_2O 和 O_2，因此可用直接法测定其含量。其反应如下：

$$2MnO_4^-(aq)+5H_2O_2(aq)+6H^+(aq) = 2Mn^{2+}(aq)+5O_2(g)\uparrow+8H_2O(l)$$

上述反应开始时较慢，由于反应产物 Mn^{2+}起自催化作用，故随 Mn^{2+}的生成反应速率逐渐加快，计量点后，稍过量的 $KMnO_4$ 呈现的微红色即显示终点到达。

四、仪器与试剂

仪器：锥形瓶(250 mL × 3)，棕色试剂瓶(500 mL)，棕色酸式滴定管(50 mL)，量筒(10 mL)，移液管(5 mL，25 mL)，容量瓶(250 mL × 2)。

试剂：3 mol · L^{-1} H_2SO_4，市售药用双氧水(约 30 g · L^{-1})。

五、实验步骤

用洁净的移液管准确移取 5.00 mL 市售药用双氧水，转移到 250 mL 容量瓶中，加水稀释至刻度，摇匀。用移液管准确移取 25.00 mL 双氧水溶液于 250 mL 锥形瓶中，加 5 mL 3 mol · L^{-1} H_2SO_4，从滴定管中加入几滴 $KMnO_4$ 标准溶液，待颜色褪去，继续滴加 $KMnO_4$ 标准溶液呈微红色，30 s 不褪色即为终点。平行测定三次，相对平均偏差小于 0.2%，计算过氧化氢溶液的质量浓度。

$$\rho(H_2O_2) = \frac{5 \times c(KMnO_4) \times V(KMnO_4) \times M(H_2O_2)}{2 \times 5.00 \times \frac{25.00}{250.00}} \tag{2-13}$$

六、数据记录与处理

按照表 2-10 记录实验数据并进行数据分析处理。

表 2-10　市售药用双氧水中 H_2O_2 含量的测定

实验序号	1	2	3
$V(H_2O_2)$/mL	25.00	25.00	25.00
$V(KMnO_4)_{初读数}$/mL			
$V(KMnO_4)_{终读数}$/mL			
$\Delta V(KMnO_4)$/mL			
$\rho(H_2O_2)/(g \cdot L^{-1})$			
$\rho(H_2O_2)_{平均}/(g \cdot L^{-1})$			
相对平均偏差			

七、思考题

1. 在 $KMnO_4$ 法测双氧水含量能不能用 HNO_3、HCl 来调节酸度？
2. 用 $KMnO_4$ 溶液滴定时，溶液能否加热？

（张义娜）

实验八　缓冲溶液的配制与性质、溶液 pH 的测定

一、预习内容

1. 缓冲溶液的组成；缓冲溶液抗酸、抗碱和抗稀释的作用机制。
2. 缓冲溶液的配制原理，缓冲容量与总浓度和缓冲比的关系。
3. 缓冲比色法测定溶液 pH 的原理。
4. pH 玻璃电极和饱和甘汞电极的结构，原电池的组成；酸度计测定溶液 pH

的工作原理。

二、实验目的

1. 掌握缓冲溶液的配制方法。
2. 掌握缓冲性质，理解缓冲容量与总浓度和缓冲比的关系。
3. 学会用酸度计(电位法)和用缓冲比色法测定溶液 pH。

三、实验原理

缓冲溶液具有抵抗外来少量强酸、强碱或稍加稀释仍保持其 pH 基本不变的性质。缓冲溶液一般含有由共轭酸 HB 和共轭碱 B^-组成的缓冲系，前者为抗碱组分，后者为抗酸组分。缓冲溶液既要有一定的 pH，又要有较大的缓冲容量，为此应使缓冲系中共轭酸 pK_a 与所配缓冲溶液 pH 尽量接近，同时缓冲溶液总浓度 $c_总$应控制在 0.050～0.20 $mol \cdot L^{-1}$。

配制缓冲溶液时，常用相同浓度的共轭酸和共轭碱，即 $c(HB)= c(B^-)$，按式(2-14)取不同体积的 $V(HB)$ 和 $V(B^-)$ 相混合，即可配成不同 pH 的缓冲溶液。

$$pH = pK_a + \lg\frac{[B^-]}{[HB]} \approx pK_a + \lg\frac{c(B^-)V(B^-)}{c(HB)V(HB)} = pK_a + \lg\frac{V(B^-)}{V(HB)} \tag{2-14}$$

此外，也常采用强酸与过量弱碱或强碱与过量弱酸进行酸碱反应，由剩余反应物和产物构成缓冲溶液。例如，NaOH 与过量 KH_2PO_4 反应，可组成 $H_2PO_4^-$-HPO_4^{2-} 缓冲溶液；HCl 与过量 KH_2PO_4 反应，可组成 H_3PO_4-$H_2PO_4^-$ 缓冲溶液。

缓冲溶液的缓冲能力用缓冲容量(β)来表示，β 值越大，缓冲能力越强。β与缓冲比$\left(\frac{[共轭碱]}{[共轭酸]}\right)$和 $c_总$有关，缓冲比一定时，$c_总$越大则缓冲能力越强；$c_总$一定时，缓冲比为 1 则缓冲能力最强，缓冲比偏离 1 越远则缓冲能力越弱。

准确测定溶液 pH，必须使用酸度计。其原理是，将 pH 玻璃电极(指示电极)和饱和甘汞电极(参比电极)与待测溶液组成原电池，测出电池电动势 E，再根据能斯特(Nernst)方程确定溶液 pH。目前，各种型号的酸度计大多使用将两支电极集成在一起的玻璃膜复合电极，其测定原理一致。

原电池组成：

$$(-)Ag,\ AgCl(s)\,|\,HCl(0.1\,mol \cdot L^{-1})\,|\,玻璃膜\,|\,pH试液 \,\|\, KCl(饱和)\,|\,Hg_2Cl_2, Hg(+)$$

能斯特方程：

$$E = K_E + \frac{2.303RT}{F}pH \tag{2-15}$$

式中，R 为摩尔气体常量($8.314\ J \cdot mol^{-1} \cdot K^{-1}$)；$T$ 为热力学温度；F 为法拉第(Faraday)常量($96485\ C \cdot mol^{-1}$)；K_E与玻璃电极标准电极电位、内外参比电极电位、不对称电位和液接电位等因素有关，条件一定时 K_E 为常数。测量时应先校正仪器，即将两个电极插入 pH 为 pH_s 的标准溶液，测定电动势 E_s，按式(2-16)求 K_E。

$$E_s = K_E + \frac{2.303RT}{F} pH_s \tag{2-16}$$

联立式(2-15)和式(2-16)两式求解，则试样溶液的 pH 即可按式(2-17)求出。

$$pH = pH_s + \frac{(E - E_s)F}{2.303RT} \tag{2-17}$$

缓冲比色法测定溶液pH的方法是选择适当的指示剂与一系列已知pH的缓冲溶液配成标准比色系列(间隔约 0.2 pH 单位)，然后在待测溶液中加入同类同量的指示剂，将待测溶液颜色与标准比色系列溶液颜色进行比较，确定待测溶液的 pH。此法一般可准确到 0.1 pH 单位。

四、仪器与试剂

仪器：酸度计，pH 玻璃膜复合电极，酸式和碱式滴定管(50 mL × 3)，容量瓶(100 mL)，试管(10 mL × 5)，移液管(2 mL × 2，10 mL × 4)，烧杯(50 mL × 16，100 mL)，比色管(20 mL × 10)，量筒(20 mL × 6)，滤纸屑，玻璃棒。

试剂：$0.2\ mol \cdot L^{-1}\ KH_2PO_4$，$0.2\ mol \cdot L^{-1}\ Na_2HPO_4$，$0.2\ mol \cdot L^{-1}\ NaOH$，$0.2\ mol \cdot L^{-1}\ HCl$，广泛 pH 指示剂[1]，溴百里酚蓝指示剂，pH = 6.865 的 KH_2PO_4-Na_2HPO_4 标准缓冲溶液(或 pH = 9.180 的 $Na_2B_4O_7$ 标准缓冲溶液)，pH = 4.008 的邻苯二甲酸氢钾标准缓冲溶液。

五、实验步骤

1. 配制缓冲溶液

通过计算[2]，用滴定管准确量取 $0.2\ mol \cdot L^{-1}\ KH_2PO_4$ 溶液 50 mL 和 $0.2\ mol \cdot L^{-1}$ NaOH 溶液 30 mL，将量取的 KH_2PO_4 溶液和 NaOH 溶液放入 100 mL 烧杯中，用玻璃棒搅拌均匀后引流到 100 mL 容量瓶中，加入去离子水稀释定容到刻度，振荡摇匀后静置 2 min。制得 $c_{总} = 0.1\ mol \cdot L^{-1}$ 且 pH ≈ 7.4 的缓冲溶液 100 mL。注意：自制缓冲溶液配好后不要倒掉，供下面实验备用(H_3PO_4 的 $pK_{a1} = 2.12$，$pK_{a2} = 7.21$，$pK_{a3} = 12.67$)。

2. 用酸度计测定溶液 pH

(1)校正酸度计：按照仪器说明书的操作步骤，采用两点校正法校正酸度计。首先，用量筒量取 pH = 6.865 的 KH_2PO_4-Na_2HPO_4 标准缓冲溶液(或 pH = 9.180 的 $Na_2B_4O_7$ 标准缓冲溶液)20 mL 于 50 mL 烧杯中，插入玻璃膜复合电极，校正仪器 pH 挡的第一个点。然后，用量筒量取 pH = 4.008 的邻苯二甲酸氢钾标准缓冲溶液 20 mL 于另一个 50 mL 烧杯中，再将玻璃膜复合电极插入溶液，校正仪器 pH 挡的第二个点。注意，更换待测溶液后，电极均需洗净擦干后才能使用。

(2)测定自制缓冲溶液的 pH：用量筒量取 20 mL 自制缓冲溶液于 50 mL 烧杯中，用酸度计测定其 pH，并与以下缓冲比色法测得的 pH 进行比较。

(3)测定饮料的 pH：用量筒量取酸奶和果汁各 20 mL，分别加入 3 个 50 mL 烧杯中，用酸度计测定并记录其 pH。完成测定后，将废弃饮料倒入回收瓶中。

3. 自制缓冲溶液的性质

取 3 支 10 mL 试管(1～3 号)，用 2 mL 移液管按表 2-11 分别准确加入自制缓冲溶液 2.00 mL，各滴加广泛 pH 指示剂 4 滴，摇匀后观察并记录颜色。再在这 3 支试管中分别滴加去离子水、0.2 $mol \cdot L^{-1}$ HCl 和 0.2 $mol \cdot L^{-1}$ NaOH 各 2 滴，观察颜色变化并说明原因。另取 2 支 10 mL 试管(4 号、5 号)，用 2 mL 移液管准确加入去离子水各 2.00 mL，分别滴加广泛 pH 指示剂 4 滴，摇匀后观察并记录颜色。再在这 2 支试管中分别滴加浓度均为 0.2 $mol \cdot L^{-1}$ 的 HCl 和 0.2 $mol \cdot L^{-1}$ NaOH 各 2 滴，观察颜色变化并说明原因。

表 2-11　自制缓冲溶液的性质

编号	1	2	3	4	5
自制缓冲溶液/mL	2.00	2.00	2.00		
去离子水/mL				2.00	2.00
广泛pH指示剂/滴	4	4	4	4	4
颜色					
去离子水/滴	2				
0.2 $mol \cdot L^{-1}$ HCl 溶液/滴		2		2	
0.2 $mol \cdot L^{-1}$ NaOH 溶液/滴			2		2
颜色变化					
解释现象					

4. 影响缓冲容量的因素

(1)缓冲容量与缓冲比的关系：取 5 个洁净干燥的 50 mL 烧杯，用 50 mL 滴定管按表 2-12 准确加入浓度均为 0.2 mol · L^{-1} 的 Na_2HPO_4 和 KH_2PO_4 溶液，配制总浓度相同但缓冲比不同的缓冲溶液。摇匀后用酸度计分别测定各溶液的 pH_1，然后，再分别向各烧杯中用 2 mL 移液管加入 0.2 mol · L^{-1} HCl 溶液 1.50 mL，摇匀后用酸度计分别测定各溶液的 pH_2，计算加酸前后各溶液的ΔpH。根据ΔpH，解释缓冲容量与缓冲比的关系。

表 2-12　缓冲容量与缓冲比的关系

编号	1	2	3	4	5
0.2 mol · L^{-1} Na_2HPO_4 溶液/mL	2.00	6.00	10.00	14.00	18.00
0.2 mol · L^{-1} KH_2PO_4 溶液/mL	18.00	14.00	10.00	6.00	2.00
$[HPO_4^{2-}]/[H_2PO_4^-]$					
用酸度计测量 pH_1					
0.2 mol · L^{-1} HCl溶液/mL	1.50	1.50	1.50	1.50	1.50
用酸度计测量 pH_2					
计算ΔpH					

(2)缓冲容量与总浓度的关系：取 5 支洁净干燥的 50 mL 烧杯，用 10 mL 移液管按表 2-13 准确加入浓度均为 0.2 mol · L^{-1} 的 KH_2PO_4 和 Na_2HPO_4 溶液以及去离子水，配制缓冲比相同但总浓度 $c_{总}$不同的缓冲溶液。然后，各加入广泛 pH 指示剂 3 滴，摇匀，在表 2-13 中记录溶液的总浓度和颜色；再分别向各烧杯中滴加 0.2 mol · L^{-1} HCl 溶液，注意边滴加边摇匀边计滴数，滴至整个溶液刚好变色为止。根据所用 HCl 溶液的滴数，解释缓冲容量与总浓度的关系。

表 2-13　缓冲容量与总浓度的关系

编号	1	2	3	4	5
0.2 mol · L^{-1} Na_2HPO_4 溶液/mL	1.00	2.00	3.00	4.00	5.00
0.2 mol · L^{-1} KH_2PO_4 溶液/mL	1.00	2.00	3.00	4.00	5.00
去离子水/mL	8.00	6.00	4.00	2.00	0.00
广泛pH指示剂/滴	3	3	3	3	3
$c_{总}/(mol \cdot L^{-1})$					
溶液颜色					
0.2 mol · L^{-1} HCl 溶液/滴					

5. 缓冲比色法测定溶液 pH

(1)配制缓冲比色系列溶液：取 9 支 20 mL 比色管，用滴定管按表 2-14 分别准确加入浓度均为 0.2 mol · L^{-1} 的 Na_2HPO_4 和 KH_2PO_4 溶液，再各加入溴百里酚蓝 4 滴，摇匀，观察比色系列溶液颜色变化，用酸度计测定各溶液的 pH 并记录于表 2-14 中。

(2)确定自制缓冲溶液的 pH：另取一支 20 mL 比色管，用滴定管加入自制缓冲溶液 20.00 mL，滴入溴百里酚蓝 4 滴，摇匀。将其颜色与表 2-14 中比色系列溶液进行比较，确定并记录其 pH，并与上述用酸度计测定的 pH 进行比较。

表 2-14　缓冲比色系列溶液和自制缓冲溶液的 pH

编号	1	2	3	4	5	6	7	8	9
0.2 mol · L^{-1} Na_2HPO_4/mL	2.00	4.00	6.00	8.00	10.00	12.00	14.00	16.00	18.00
0.2 mol · L^{-1} KH_2PO_4/mL	18.00	16.00	14.00	12.00	10.00	8.00	6.00	4.00	2.00
溴百里酚蓝/滴	8	8	8	8	8	8	8	8	8
pH 测定值									
自制缓冲溶液的 pH									

六、思考题

1. $NaHCO_3$ 溶液是否具有缓冲能力？为什么？
2. 试说明缓冲溶液总浓度和缓冲比对缓冲容量的影响。
3. 有色溶液如西红柿汁的 pH，应用何种方法测定？

注释

[1] 广泛 pH 指示剂通常由五种酸碱指示剂混合而成。其中，每种指示剂在不同 pH 下显示自身颜色，相应地广泛 pH 指示剂在 pH = 1～14 的颜色是各指示剂各种颜色混合的补色。通常可用甲基橙[pH = 3.1(红)～4.4(黄)]、甲基红[pH = 4.4(红)～6.2(黄)]、溴百里酚蓝[pH = 6.2(黄)～7.6(蓝)]、百里酚蓝[第一变色点，pH = 1.2(红)～2.8(黄)；第二变色点，pH = 8.0(黄)～9.6(蓝)]和酚酞[pH = 8.0(无)～10.0(红)]来配制广泛 pH 指示剂，即先将甲基橙配成 0.1 %(g · mL^{-1})水溶液，其余的配成 0.1 %(g · mL^{-1})乙醇溶液，然后依次按 1 : 1 : 2 : 2 : 2 的比例混合。指示剂在不同 pH 的颜色如下所示：

pH	1	2	3	4	5	6	7	8	9	10	11	12	13	14
甲基橙			红		黄									
甲基红			红			黄								
溴百里酚蓝						黄	蓝							
百里酚蓝	红		黄					黄		蓝				
酚酞								无		红				
补色	红		橙		橙	黄	绿			紫				

[2] 配制时，用滴定管准确量取 0.2 mol · L^{-1} KH_2PO_4溶液 50 mL 和 0.2 mol · L^{-1} NaOH 溶液 30 mL 于 100 mL 容量瓶中，加去离子水定容，摇匀即可。此时，所配缓冲溶液的缓冲系为 $H_2PO_4^-$-HPO_4^{2-}，其共轭酸 $pK_{a2} = 7.21$，与所配缓冲溶液的 pH≈7.4 接近。计算缓冲溶液中：

$$[H_2PO_4^-] = \frac{0.2[V(H_2PO_4^-) - V(OH^-)]}{100}$$

$$[HPO_4^{2-}] = [OH^-] = \frac{0.2V(OH^-)}{100}$$

因 $[H_2PO_4^-] + [HPO_4^{2-}] = 0.1\ mol \cdot L^{-1}$，故

$$[H_2PO_4^-] + [HPO_4^{2-}] = \frac{0.2[V(H_2PO_4^-) - V(OH^-)] + 0.2V(OH^-)}{100} = 0.1$$

$$V(H_2PO_4^-) = \frac{0.1 \times 100}{0.2} = 50(mL)$$

依据缓冲公式有

$$7.40 = 7.21 + \lg\frac{[HPO_4^{2-}]}{[H_2PO_4^-]} = 7.21 + \lg\frac{0.1 - [H_2PO_4^-]}{[H_2PO_4^-]}$$

解得 $[H_2PO_4^-] = 0.0392\ mol \cdot L^{-1}$，则

$$V(OH^-) = \frac{0.1 - [H_2PO_4^-]}{0.2} \times 100 = \frac{0.1 - 0.0392}{0.2} \times 100 \approx 30(mL)$$

（龙建君）

实验九　分光光度法测定水样中铁含量

一、预习内容

1. 分光光度计的结构和工作原理。

2. 分光光度法定量分析的原理和定量方法。
3. 分光光度法测定条件的选择。
4. 硫氰酸盐与 Fe^{3+} 显色反应的特点。

二、实验目的

1. 了解分光光度计(721 型或 722 型)的结构、工作原理，掌握其使用方法。
2. 掌握硫氰酸盐法测定水样中 Fe^{3+} 含量的原理和方法。
3. 掌握吸收光谱和标准曲线的测绘、标准曲线法和标准对照法的分析步骤。

三、实验原理

在一定实验条件下，物质对光的选择性吸收符合朗伯-比尔(Lambert-Beer)定律：

$$A = -\lg T = -\lg \frac{I_t}{I_0} = \varepsilon bc \tag{2-18}$$

式中，A 为吸光度；T 为透光率；I_0 为入射单色光强度；I_t 为透射光强度；b 为液层厚度(cm)；c 为溶液浓度($mol \cdot L^{-1}$)；ε 为摩尔吸光系数($L \cdot mol^{-1} \cdot cm^{-1}$)。该定律是分光光度法进行定量分析的理论依据。

分光光度法定量分析一般采用标准对照法和标准曲线法。标准曲线法一般有三个步骤：①配制系列标准溶液，把标准溶液装入厚度恒定的吸收池中，选取其中浓度最大的溶液，依次让一系列不同波长的单色光通过该溶液，测定各波长下的吸光度(扫描)，依据 A 对波长 λ 的关系曲线即可绘制出吸收光谱。依据吸收光谱可确定工作波长(最适吸收波长)，一般选择最大吸收波长 λ_{max} 作为工作波长。②在工作波长下，依次测定各标准溶液的吸光度，绘制出标准曲线，建立待测试样的定量依据。③在相同条件下测定待测试样的吸光度，根据 A 对溶液浓度 c 的线性关系，在标准曲线上用图解法或计算法求出该试样溶液浓度。

在标准对照法中，先配制 1 份与待测试样浓度 c_x 接近的标准溶液(浓度 c_s)，在工作波长和相同条件下分别测定两溶液的吸光度 A_x 和 A_s，按式(2-19)求 c_x。

$$\begin{cases} A_s = \varepsilon bc_s \\ A_x = \varepsilon bc_x \end{cases} \Rightarrow \quad c_x = \frac{A_x}{A_s} \times c_s \tag{2-19}$$

标准对照法不如标准曲线法准确可靠；为减小测定误差，要求 c_s 应尽可能与 c_x 一致。

可见分光光度法仅适用于有色溶液，而 Fe^{3+} 的稀溶液几乎无色，因此需要加入显色剂使其完全转化为有色物质才能进行定量分析。依据显色方法的不同，主要有硫氰酸盐法、邻二氮菲法和磺基水杨酸法等。本实验采用硫氰酸盐法测定水样中的铁含量。

硫氰酸盐（如 KSCN 和 NH_4SCN）中的硫氰酸根 SCN^-，能与 Fe^{3+}反应生成血红色配位化合物$[Fe(SCN)_n]^{3-n}$。该显色反应是分步进行的，当 SCN^-浓度逐渐增大时，可得到配体数 n 从 1 到 6 的多种配合物，相应地随着 n 的增大配合物的颜色也越来越深。

本实验用 KSCN 作显色剂，并使 SCN^- 充分过量，确保将 Fe^{3+}全部转化为六硫氰合铁（Ⅲ）配合物$[Fe(SCN)_6]^{3-}$（$\lg K_s = 6.4$），而不会生成其他配合物，反应式为

$$Fe^{3+} + 6SCN^- = [Fe(SCN)_6]^{3-}$$

由于 Fe^{3+}易发生水解，生成 $Fe(OH)_3$沉淀，故显色反应必须在过量无机酸（HNO_3或 H_2SO_4）存在下进行。若待测溶液中还存在 Fe^{2+}，也必须先将其氧化成 Fe^{3+}，因此宜采用 HNO_3来调节溶液酸度，它同时也可以起氧化剂作用。但溶液酸度要严格控制，一般应为 0.05～0.5 $mol \cdot L^{-1}$，酸度太强 SCN^-将被氧化，酸度太弱生成的配合物容易水解。同时，Fe^{3+}还能被 SCN^-缓慢还原为 Fe^{2+}而使溶液红色变浅，影响测定结果，所以还应加入少量强氧化剂过硫酸铵$(NH_4)_2S_2O_8$，防止 Fe^{3+}被缓慢还原。此外，$[Fe(SCN)_6]^{3-}$不是很稳定（显色后颜色一般在 24 h 内稳定），见光易分解，因此测定操作要迅速，避免受强光长时间照射，用标准曲线法时，要严格控制温度和显色时间。

四、仪器与试剂

仪器：分光光度计（721 型或 722 型），吸收池（1 cm × 3），容量瓶（50 mL × 7），移液管（5 mL，10 mL），量筒（5 mL，10 mL）。

试剂：0.1000 $g \cdot L^{-1}$ Fe^{3+}标准溶液[1]，3 $mol \cdot L^{-1}$ HNO_3，3 $mol \cdot L^{-1}$ KSCN，2.5% $(NH_4)_2S_2O_8$。

五、实验步骤

1. 配制标准溶液和试样溶液

方案 1：取 7 支 50 mL 容量瓶，用移液管按表 2-15 分别准确移取 0.1000 $g \cdot L^{-1}$ Fe^{3+}标准溶液和水样于相应容量瓶中，用量筒加入浓度均为 3 $mol \cdot L^{-1}$ 的 HNO_3和 KSCN 溶液，再滴加 2.5%$(NH_4)_2S_2O_8$溶液，最后用去离子水定容，充分摇匀后备用。计算所配各标准溶液（0～5 号）的浓度$\rho(Fe^{3+})$，并填入表 2-15 中。

表 2-15　六硫氰合铁（Ⅲ）标准溶液和试样溶液（方案 1）

编号	0	1	2	3	4	5	6 水样
0.1000 $g \cdot L^{-1}$ Fe^{3+} 标准溶液/mL	0.00	0.50	1.00	1.50	2.00	2.50	—
水样/mL	—	—	—	—	—	—	10.00

续表

编号	0	1	2	3	4	5	$6_{水样}$
3 mol · L^{-1} HNO_3 溶液/mL	3.0	3.0	3.0	3.0	3.0	3.0	3.0
3 mol · L^{-1} KSCN 溶液/mL	5.0	5.0	5.0	5.0	5.0	5.0	5.0
2.5% $(NH_4)_2S_2O_8$ 溶液/滴	1	1	1	1	1	1	1
$V_{稀释}$/mL	50.00	50.00	50.00	50.00	50.00	50.00	50.00
$\rho(Fe^{3+})/(mg \cdot L^{-1})$							
A							$A_x =$

方案 2：取 7 支 10 mL 容量瓶，用移液管按表 2-16 分别准确移取 0.1000 g · L^{-1} Fe^{3+}标准溶液和水样于相应容量瓶中，用量筒加入浓度均为 3 mol · L^{-1} 的 HNO_3 和 KSCN 溶液，再滴加 2.5% $(NH_4)_2S_2O_8$溶液，最后用去离子水定容，充分摇匀后备用。计算所配各标准溶液（0～5 号）的浓度$\rho(Fe^{3+})$，并填入表 2-16 中。

表 2-16　六硫氰合铁（Ⅲ）标准溶液和试样溶液（方案 2）

编号	0	1	2	3	4	5	$6_{水样}$
0.1000 g · L^{-1} Fe^{3+}标准溶液/mL	0.00	0.50	1.00	1.50	2.00	2.50	—
水样/mL	—	—	—	—	—	—	2.00
3 mol · L^{-1} HNO_3 溶液/mL	1.0	1.0	1.0	1.0	1.0	1.0	1.0
3 mol · L^{-1} KSCN 溶液/mL	1.0	1.0	1.0	1.0	1.0	1.0	1.0
2.5% $(NH_4)_2S_2O_8$ 溶液/滴	1	1	1	1	1	1	1
$V_{稀释}$/mL	10.00	10.00	10.00	10.00	10.00	10.00	10.00
$\rho(Fe^{3+})/(mg \cdot L^{-1})$							
A							$A_x =$

2. 绘制吸收光谱

取两支 1 cm 吸收池，分别装入 0 号试剂（空白溶液）和 5 号试剂（标准溶液）。以 0 号溶液为空白溶液，在 380～780 nm 波长范围每间隔 10～20 nm 测定一次 5 号标准溶液的吸光度 A，并将波长和相应吸光度数据记录于表 2-17 中。注意，每改变一次测定波长，均需用空白溶液重新调整 $T = 100\%$，并随时检查零点是否正确。为了找准最大吸收波长，应在最大吸光度对应波长的左右两边间隔 5 nm 处，再各测定一次吸光度，并记录数据。依据表 2-17 中的数据，以波长λ为横坐标、

吸光度 A 为纵坐标，绘制吸收光谱(A-λ关系曲线)，找出最大吸收波长λ_{max}。

表 2-17　不同波长λ下六硫氰合铁(Ⅲ)的吸光度 A

λ/nm	380	400	420	440	460	470	475	480	485	490	500	520	…
A													

3. 绘制标准曲线

选择上述λ_{max}为工作波长，以 0 号溶液为空白溶液，用 1 cm 吸收池分别测定各标准溶液的吸光度，并将数据记录于表 2-15(或表 2-16)中。根据表 2-15(或表 2-16)中各标准溶液的浓度$\rho(Fe^{3+})$和吸光度 A，以$\rho(Fe^{3+})$为横坐标、A 为纵坐标，在坐标纸上绘制标准曲线。

4. 确定水样中铁的含量

在与测定标准溶液完全相同的条件下，测定 6 号试样溶液的吸光度 A_x，并记录于表 2-15(或表 2-16)中。依据 A_x 值，利用标准曲线法和标准对照法，按以下要求计算原水样中铁的浓度 $\rho_{水样}$。

1)标准曲线法

标准曲线上直接读出的浓度：$\rho_x(Fe^{3+})=$______________mg · L^{-1}。

原水样中铁的浓度：$\rho_{水样}=\rho_x(Fe^{3+})\times\dfrac{50.00}{V_{水样}}=$ ____________mg · L^{-1}。

2)标准对照法

所选标准溶液的编号：____________。

所选标准溶液的浓度：$\rho_s(Fe^{3+})=$ ____________mg · L^{-1}。

所选标准溶液的吸光度：$A_s=$ ____________。

所测试样溶液的吸光度：$A_x=$ ____________。

原水样中铁的浓度：$\rho_{水样}=\dfrac{\rho_s(Fe^{3+})\times A_x}{A_s}\times\dfrac{50.00}{V_{水样}}=$ ____________mg · L^{-1}。

六、思考题

1. 在 Fe^{3+}与 SCN^-显色反应中，为什么要加入过量 KSCN 溶液?
2. 实验中加入 HNO_3 和$(NH_4)_2S_2O_8$有什么作用?
3. 实验中能否用量筒量取含铁的相关溶液?

注释

[1] 准确称取 0.8634 g 分析纯硫酸铁铵 $NH_4Fe(SO_4)_2\cdot 12H_2O$($M_r$ = 482.2)于

250 mL 烧杯中，加入 6 mol · L^{-1} HCl 20 mL 和少量去离子水，溶解后转入 1 L 容量瓶中定容，摇匀备用。

附：分光光度计

分光光度计是通过测量溶液对光的吸光度或透光率来对物质进行定性和定量分析的仪器。分光光度计以可见光为光源，属于可见分光光度计，主要用于定量分析。按照光路系统来分，大致可分为单光束、双光束、单波长、双波长以及各种组合。国产 72 型、721 型、722 型、Xg-125 型和 751 型分光光度计均为单光束单波长光路系统，其中 721 型和 722 型具有体积小、性能稳定、价格便宜、操作简便等特点，使用最为广泛。

1. 仪器主要部件

各种型号的分光光度计质量和价格差别大,但仪器基本结构和工作原理相似，组成部件主要有光源、单色光器、吸收池、检测器、信号处理和显示系统等。光源提供连续辐射，经单色光器获得有限波长范围内的单色光，单色光经吸收池中待测溶液部分吸收后，透过光到达光检测器，使光信号转换成电信号，在读数指示器上输出测量值。现在，许多仪器还配有微处理器，可进行自动控制、测量和记录。

1) 光源

光源是提供入射光的装置，应有足够辐射强度和稳定性，发光面积应较小，需用聚光镜将光集中于单色光器的进光狭缝。可见分光光度计采用固体炽热发光的钨灯(12 V，5 W)作光源，可发射 320～3200 nm 的连续光谱，适用范围为 360～1000 nm。现在，仪器大多改用发光效率更高、使用寿命更长的卤钨灯。

2) 单色光器

单色光器是将光源发出的连续光谱按波长顺序色散，并从中分离出一定宽度谱带的装置，由棱镜或光栅等色散元件以及狭缝、准直镜、凸轮和波长盘等机构组成。棱镜固定在圆形活动板上，通过杠杆与带有波长盘的凸轮相连，转动波长盘，棱镜相应转动，即可选择所需波长。

棱镜由光学玻璃制成，可见分光光度计常用 Curnu 棱镜或 Littrow 棱镜。光在不同介质中传播速度不同，从一种介质进入另一种介质时发生折射，波长越短传播速度越慢，折射率越大。所以，复色光从空气中进入棱镜后便按波长由长到短的顺序色散成谱带(图 2-1)。在 Littrow 棱镜中，棱镜背面镀有铝层，色散光以相反方向通过同一棱镜，可自动消除双折射影响。

光栅是密刻等距平行条纹的光学元件，利用狭缝衍射后光的干涉作用使不同波长的光有不同的方向，起到色散作用。光栅具有色散均匀、呈线性、工作波段广、分辨本领高、光度测量便于自动化等优点，常被较高档仪器采用。高质量的分光光度计采用全息光栅代替机械刻制和复制光栅。

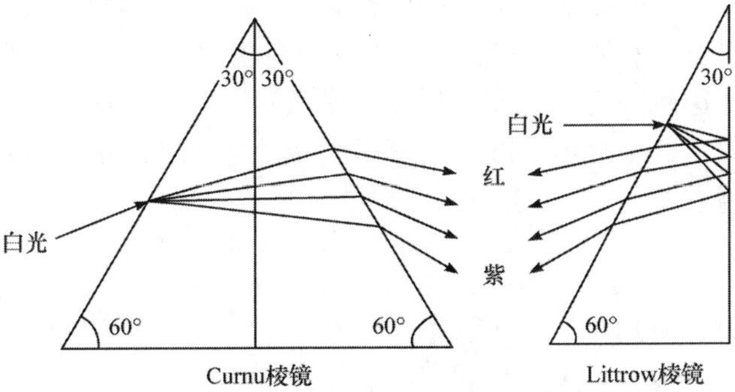

图 2-1　白光在棱镜中的色散

狭缝也是精密部件，狭缝宽度直接影响分光质量。经过狭缝的单色光是具有一定光谱宽度(称为光谱带宽)的谱带。理论上狭缝宽度越小，带宽越窄，波长越接近单色光，但狭缝太小单色光强度太弱，光通量过小，信噪比将降低；而狭缝太宽，则单色光不纯，这些都将直接影响测定的准确度。因此，狭缝宽度一般以减小狭缝宽度时试样吸光度不再改变的宽度为宜。由于分子吸收光谱的吸收峰比较宽和平滑，一般情况下带宽 2～6 nm 对分析结果影响不大。

准直镜是以狭缝为焦点的圆形凹面抛物柱面反射聚光镜，其作用是将进入单色光器的发散光变成平行光，并将色散后的单色平行光聚焦于出光狭缝。

3) 吸收池

吸收池是盛装溶液并提供一定吸光厚度的器皿，由无色透明、厚薄均匀、耐腐蚀的光学玻璃制成。测定中同时配套使用的一组吸收池，厚度应一致，透光率相对误差应小于或等于 0.5%。吸收池透光面应严格平行并保持洁净透明，切勿用手接触或用粗糙滤纸揩擦。吸收池厚度有多种规格，可根据需要选用。

4) 检测器

光电检测器是测量单色光透过溶液后光强度变化的装置，它能将光能转换为易于测量的电信号输出。目前，可见分光光度计的检测器已广泛采用光电管。光电管内封装有一个丝状阳极和一个凹形阴极，如图 2-2 所示。阴极凹面涂有一层对光敏感的碱金属或碱金属氧化物或二者的混合物，光照射到阴极时，其表面金属物质发射电子，流向电势较高的阳极而产生电流。光越强，阴极表面发射的电子越多，产生的光电流也越大。光电管内阻很高，产生的电流容易被放大，即使入射光强度较弱时也能进行测定。光电管的优点是灵敏度高，不易疲劳。

5) 指示器

指示器的作用是以适当方式显示或记录输出的测量信息。透射光射到光电管上产生的光电流，经高阻值电阻后电位降较大，输出的光电流很弱，约 1×10^{-6} A，需用放大器放大后才能输入指示器。在指示器上可直接读取吸光度、透光率或浓度等，显示方式有指针式微安电表和数字显示等类型。在微安电表标尺上(图 2-3)读数时，应注意透光率刻度是等分的，由左向右增大，但吸光度刻度是不均等的，由右向左增大，这是因为吸光度与透光率呈负对数关系。精密型分光光度计通常采用函数记录仪、数字显示器或与计算机联用，能自动采集、显示、处理和打印数据，测定更为方便。

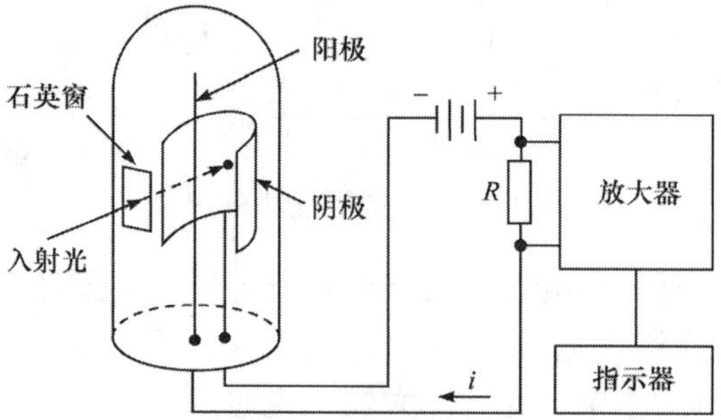

图 2-2　光电管工作原理

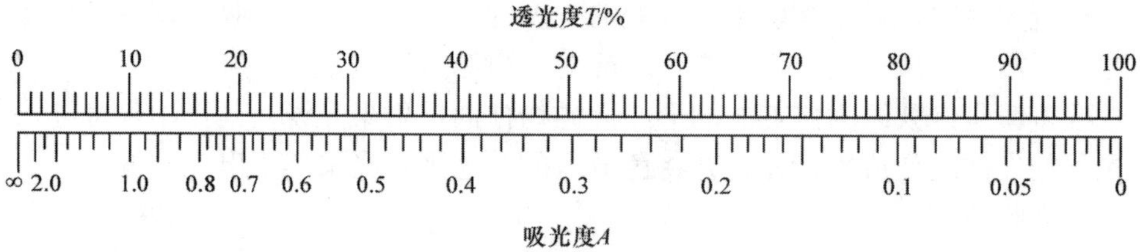

图 2-3　微安电表读数标尺

2. 721 型分光光度计的结构和使用方法

1) 721 型分光光度计的结构

721 型分光光度计为狭缝固定的单光束自准式仪器，是在 72 型的基础上改造而成的。仪器采用体积很小的晶体管稳压器代替了 72 型笨重的磁饱和稳压器，检测器用光电管代替硒光敏电池，指示器用指针式微安电表代替体积大且易损坏的悬镜式光点反射检流计，对稳压器、单色光器和检流计进行了集成，并大幅度改进了电路系统，不但结构简单紧凑，而且性能更加稳定。

721 型分光光度计光学系统如图 2-4 所示。光源 1 发出的光通过聚光透镜 2 汇聚，由平面反射镜 7 转角 90°射入狭缝 6，经准直镜 4 反射后成平行光束，以最小偏向角射向棱镜 3，色散后得到单色光；单色光经棱镜铝层反射后稍偏转一个角度原路返回射向准直镜，由准直镜反射聚焦于狭缝 6，再经聚光透镜 8 射入吸收池 9，吸收后的透射光最后射向光电管 12，产生的电信号经放大后显示于微安电表标尺上。这里，出射狭缝和入射狭缝是一体的，为了减少谱线通过棱镜后呈弯曲形状而影响单色性，把狭缝两片刀口做成弧形，以便近似吻合谱线弯曲度，保证仪器单色性。

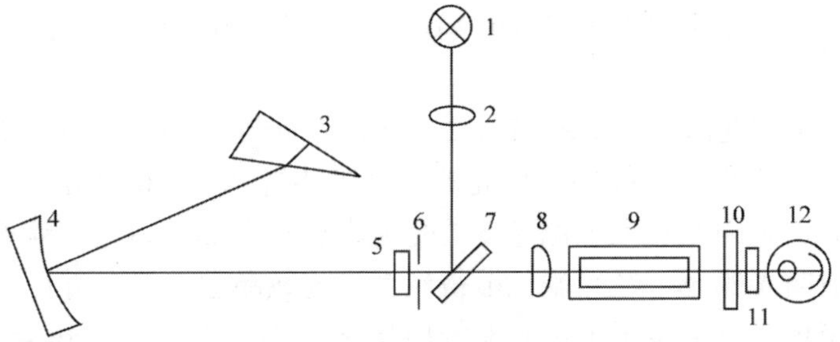

图 2-4　721 型分光光度计光学系统图

1. 光源；2，8. 聚光透镜；3. 棱镜；4. 准直镜；5，11. 保护玻璃；6. 狭缝；7. 平面反射镜；9. 吸收池；10. 光门；12. 光电管

2) 721 型分光光度计的使用方法

(1) 使用仪器前，应先了解仪器结构和工作原理，以及各操作旋钮的功能；检查线路是否牢固、接地是否良好，各调节旋钮初始位置是否正确，然后才能通电。

(2) 仪器通电前，检查“0”和“100%*T*”调节旋钮，如果未处在初始位置，应分别按逆时针方向轻轻旋转至不能再动。检查电表指针是否位于“0”刻线，否则应调节电表校正螺丝，使电表指针指到“0”刻线。

(3) 仪器通电后，打开吸收池样品室盖，同时光门关闭，暗箱右侧装有光门部件，光门会随样品室盖开闭而相应关闭与开启。选择所需波长和灵敏度，调节“0”旋钮使电表指针指到“0”，盖上吸收池样品室盖，使盛有空白溶液的吸收池处于光路，调节“100%*T*”旋钮使电表指针指到“100%*T*”处。然后，打开样品室盖，仪器预热约 20 min。

(4) 预热后，按步骤(2)连续几次调整“0”和“100%*T*”，即可进行测定。放大器灵敏度有五挡，选择原则是在保证空白挡良好并调到“100%*T*”的情况下，尽量使用较低灵敏度挡，这样仪器稳定性更高。使用时一般设置为“1”挡，灵敏度不够时再逐挡升高。注意，改变灵敏度后必须按步骤(3)重新校正“0”和“100%*T*”。

(5) 大幅度改变波长时，在调整“0”和“100%*T*”后应歇息片刻(让钨灯在急剧改变亮度后保持一段热平衡时间)，指针稳定后重新调整“0”和“100%*T*”，即可工作。更换待测溶液时，不要倒掉空白溶液，以便用于调节“0”和“100%*T*”，直到完成所有测定工作为止。

(6) 使用完毕，关闭电源，将各调节旋钮恢复至初始位置。取出吸收池洗净，自然干燥后放回专用盒内。仪器冷却 10 min 后，盖上防尘罩。

3. 722 型分光光度计的结构和使用方法

1) 722 型分光光度计的结构

722 型分光光度计以光栅进行分光，其单色性更好，且采用数字显示，操作更加简便，数据稳定性和重现性更好。仪器以碘钨灯为光源，适用波长 340～1100 nm，波长精度 ±2 nm，波长重现性 1 nm，单色光带宽 4 nm，在 $A = 0.5$ 处的吸光度精确度为 0.004。

722 型分光光度计光学系统如图 2-5 所示。光源 1 发出的连续光经滤光片 2 选择、聚光镜 3 汇聚后，投向单色光器的进光狭缝 4。此狭缝处于聚光镜和准直镜 7 的焦平面上，因此进入单色光器的复色光通过平面反射镜 6 反射到准直镜，变成平行光射向光栅 8。经光栅色散得到系列连续单色光谱，并由光栅反射回准直镜，准直镜再将其汇聚于单色光器的出光狭缝 10。然后，通过聚光镜 11 射入吸收池 12 中的待测溶液，最后透过光经光门 13 射向光电管 14 的阴极凹面。

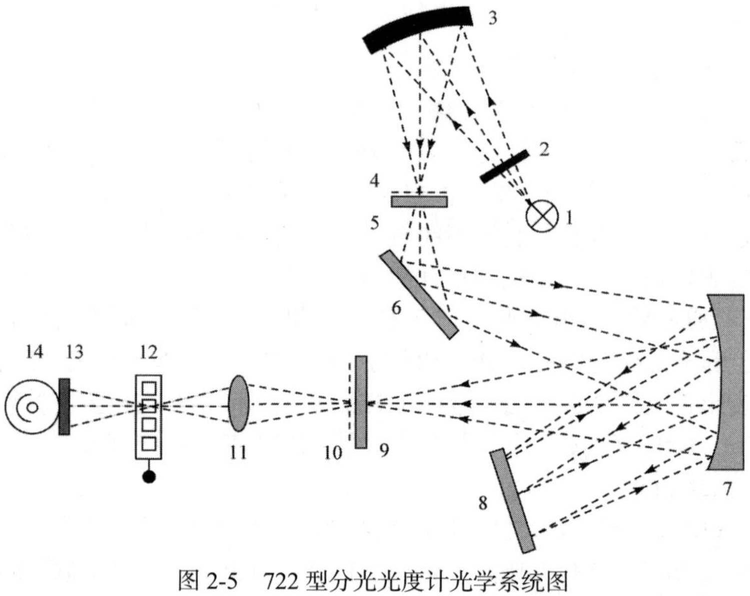

图 2-5　722 型分光光度计光学系统图

1. 光源；2. 滤光片；3. 聚光镜；4. 进光狭缝；5，9. 保护玻璃；6. 平面反射镜；7. 准直镜；8. 光栅；10. 出光狭缝；11. 聚光镜；12. 吸收池；13. 光门；14. 光电管

2) 722 型分光光度计的使用方法

(1) 仪器接通电源前，应进行安全检查，如电源线和接地线应牢固，各调节旋钮初始位置应正确，然后才能通电。

(2) 将灵敏度旋钮调至“1”挡，此时放大倍数最小，仪器读数最稳定。调节波长至所需位置。注意，转动各相关旋钮时，动作一定要轻缓，若感觉稍有阻力，绝不可用强力强行扭动。

(3) 开启电源开关，指示灯变亮。将功能选择开关置于"T"处，调节"100%T"旋钮使数字显示为"100.0"，预热 30 min，使光源灯和其他电子部件达到热平衡，以便稳定工作。如急用，应注意随时调整"0"和"100%T"。

(4) 改变测试波长，或测试时间较长以及做高精度测试之前，均需校正仪器，即打开样品室盖(光门自动关闭)或用不透光材料遮住样品室中光路，然后按"0"键自动调零，再调节"100%T"。当调节"100%T"而数字显示不为"100.0"时，可依次增大灵敏度挡数，但应尽可能使用较低挡。同时，灵敏度挡位改变后，必须重新校正"0"和"100%T"。

(5) 转动波长旋钮，选择入射波长。推拉吸收池架子拉杆，让不同样品进入光路。拉杆推拉到位时有定位感，此时应前后轻轻推拉一下，确保定位正确。也可以临时打开样品室盖，确认样品是否正确定位于光路。

(6) 输出功能切换。仪器"功能键"为顺序循环选择按键，可根据需要切换。开机时，该键初始状态为透射比，每按一次可依次循环切换到吸光度、浓度和斜率，同时相应的指示灯点亮。

4. 其他注意事项

(1) 调节光度计的旋钮，特别是波长盘、灵敏度挡、"0"和"100%T"旋钮，动作一定要轻，稍有阻力绝不能强行调节，否则极易将其损坏。

(2) 用参比溶液调节"100%T"时，应先将光亮调节旋钮调至最小，然后盖上样品室盖，再慢慢开大光亮度。

(3) 若连续测定时间太长，吸光度读数会因光电管疲劳而发生漂移，此时应切断电源，片刻后再开机使用。

(4) 灵敏度挡位放大倍数为，第 1 挡 ×1 倍，第 2 挡 ×10 倍，第 3 挡 ×100 倍，第 4 挡 ×200 倍，第 5 挡 ×400 倍。为使仪器工作稳定，一般宜选择低挡位。

(5) 使用吸收池时，只能拿两侧磨砂面，切勿触摸透光面，以免污染透光面而影响透光率。吸收池装溶液之前，应先用待装液淌洗 2～3 次。吸收池内液面高度不能超过吸收池高度的 2/3。沾在吸收池外的液体先用吸水纸轻轻吸干，再用擦镜纸轻擦透光面，才能放入液槽架上。

(6) 定期检查仪器放大器及单色光器下的干燥剂筒，若发现硅胶受潮变色，应更换成干燥的蓝色硅胶，或将原有硅胶取出烘干后再重新装入使用。另外，放在仪器样品室内的干燥剂，也应定期取出烘干。

(龙建君)

实验十　凝固点降低法测定葡萄糖的摩尔质量

一、预习内容

1. 稀溶液依数性的相关知识，稀溶液凝固点的降低值与溶液质量摩尔浓度的关系。

2. 冰盐水环境的制备方法及原理。

3. 稀溶液凝固点的测定方法。

二、实验目的

1. 学会用凝固点降低法测定葡萄糖的摩尔质量。

2. 熟悉稀溶液依数性的应用。

3. 掌握液体溶液凝固点测量方法。

三、实验原理

稀溶液具有依数性，稀溶液的凝固点较纯溶剂的凝固点降低是依数性表现之一。将少量难挥发非电解质溶解在纯溶剂中，配制成稀溶液，其凝固点降低值取决于溶液中单位体积内的溶质粒子数目。稀溶液的凝固点降低值与溶质 B 的质量摩尔浓度成正比：

$$\Delta T_{\mathrm{f}} = T_{\mathrm{f}}^{\circ} - T_{\mathrm{f}} = K_{\mathrm{f}} b_{\mathrm{B}} \tag{2-20}$$

式中，ΔT_{f} 为稀溶液的凝固点降低值；T_{f}° 为纯溶剂的凝固点；T_{f} 为溶液的凝固点；b_{B} 为溶质的质量摩尔浓度$(\mathrm{mol \cdot kg^{-1}})$；$K_{\mathrm{f}}$ 为溶剂的凝固点下降常数$(\mathrm{K \cdot kg \cdot mol^{-1}})$，其数值仅与溶剂本性有关，可查表得到。又知，

$$b_{\mathrm{B}} = \frac{m_{\mathrm{B}}}{M_{\mathrm{B}} \times m_{\mathrm{A}}} \times \frac{1000\ \mathrm{g}}{1\ \mathrm{kg}} \tag{2-21}$$

式中，m_{A}、m_{B} 分别为溶剂和溶质的质量(g)；M_{B} 为溶质的摩尔质量$(\mathrm{g \cdot mol^{-1}})$。

由式(2-20)和式(2-21)可得出，溶质 B 的摩尔质量 M_{B} 为

$$M_{\mathrm{B}} = K_{\mathrm{f}} \times \frac{m_{\mathrm{B}}}{\Delta T_{\mathrm{f}} \times m_{\mathrm{A}}} \times \frac{1000\ \mathrm{g}}{1\ \mathrm{kg}} \tag{2-22}$$

由实验测得 ΔT_{f}，即可算出物质 B 的摩尔质量 $M_{\mathrm{B}}(\mathrm{g \cdot mol^{-1}})$。

液体的凝固点是指其固、液两相平衡共存时的温度。对于纯液体，在一定外压下，液体逐渐冷却至开始析出固体时的平衡温度称为液体的凝固点。纯液体的凝固点是一个确定值，在步冷曲线上可以获得一水平线段，如图 2-6(1)所示，*b*

点表示刚产生固体，c 点表示全部凝为固体。在实际冷却过程中，往往出现过冷现象(按照多相平衡条件,液体温度低于凝固点而未凝固,这种现象称为过冷现象,温度低于凝固点的液体称为过冷液体)。如图 2-6(2)所示，液体处于 b'点时，温度低于凝固点，此时若采取调节低温环境温度、搅拌速度、加入小冰晶、摩擦容器内壁等措施，液体瞬间产生大量小颗粒晶体，同时放热使液体温度上升至凝固点，bc 线段对应温度为液体凝固点。

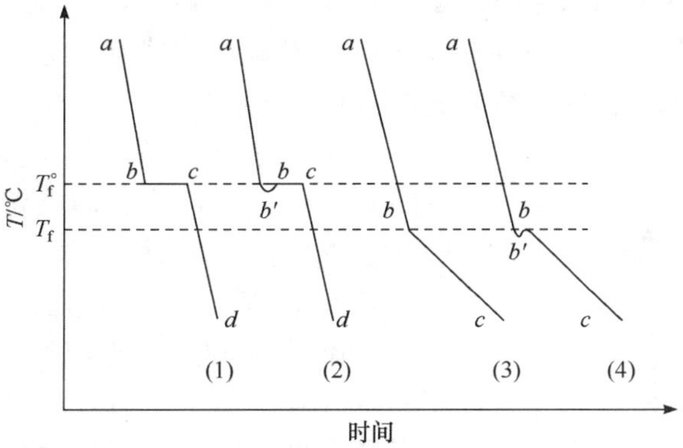

图 2-6　步冷曲线

对于溶液，其凝固点是指从溶液中刚析出固态纯溶剂时的温度。此凝固点不仅与外压有关，还与溶液浓度有关，当有固态纯溶剂析出时，溶液浓度将增加，凝固点也随之降低。在步冷曲线上显示为一条折线，折点即为溶液的凝固点，如图 2-6(3)所示。实际冷却过程也会出现过冷现象，如图 2-6(4)所示，若过冷现象不严重，则 b 点为溶液的凝固点，若过冷现象严重，则所测得的溶液凝固点偏低，会产生溶质摩尔质量的测定误差，因此在测定过程中必须设法控制过冷程度。实际测量过程中一般可通过调节低温环境温度、控制搅拌速度等方法来减小过冷程度。

四、仪器与试剂

仪器：冰柜，成套凝固点降低实验装置，烧杯(100 mL，1000 mL)，量筒(50 mL)，移液管(25 mL)，洗耳球，电子天平，洗瓶(500 mL)。

试剂：葡萄糖(分析纯)，粗盐，碎冰，去离子水。

五、实验步骤

1. 制备冰盐水低温系统

在大烧杯中放入 1/3(体积比)的冰、1/2(体积比)的水，加入粗盐，调节冰盐水混合物温度在–4℃左右，即为冰盐水低温系统。实验过程中应经常观察冰盐水系统温度，适量补充少量碎冰，以维持冰盐水温度基本保持不变。测量时将放样品的凝固点管插入冰盐水中，并使冰盐水液面高于待测样品液面。

2. 溶剂凝固点的测定

(1)取一只清洁的凝固点管，用去离子水润洗后，量取 25 mL 去离子水加入其中，插入干净的测温热电偶，套上带内搅拌器的凝固点管盖。将凝固点管直接插入冰盐水中(图 2-7)，缓慢而均匀地上下移动内搅拌器，使去离子水逐渐冷却，当有固体(冰)析出时，即为纯溶剂水的近似凝固点。

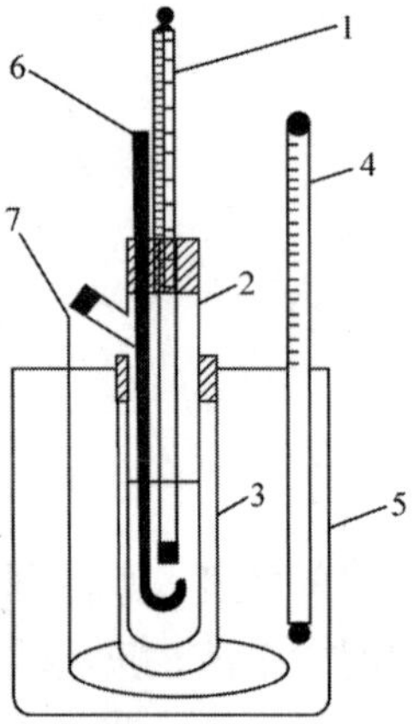

图 2-7　凝固点测定装置

1. 精密测温热电偶；2. 凝固点管；3. 大试管；4. 测温热电偶；5. 大烧杯；6. 内搅拌器；7. 外搅拌器

(2)取出凝固点管，用手温热，使管内固体(冰)完全熔化，再将凝固点管直接插入冰盐水中，缓慢上下移动内搅拌器，当温度降至高于近似凝固点 0.5℃时，每秒搅拌一次，使水的温度均匀下降，当温度低于近似凝固点时，快速搅拌，使固体析出。当温度迅速回升时，减慢搅拌，注意观察温度读数变化，直至稳定，此即为纯溶剂水的凝固点。读数精确到 0.001℃，记录实验数据。连续测量两次，两次测量数据差值不可超过 ± 0.002℃，取平均值即为纯溶剂水的凝固点。

3. 溶液凝固点的测定

精密称取 4.0 g 葡萄糖，倒入 100 mL 小烧杯中，用移液管量取 50 mL 去离子水溶解后备用。取干净的凝固点管，用配制的葡萄糖溶液润洗两次，加入 25 mL 葡萄糖溶液。将凝固点管直接插入冰盐水体系中，用与测定去离子水凝固点相同的方法测定溶液凝固点。连续测量两次，两次测量数据差值不可超过 ± 0.002℃，取平均值即为葡萄糖溶液的凝固点。实验数据记录于表 2-18。

表 2-18　纯溶剂、溶液的凝固点

次数	溶剂体积 V_A/mL	溶质质量 m_B/g	凝固点 T/℃		凝固点降低 ΔT_f/℃	凝固点降低平均值$\Delta T_{f平均}$/℃
			去离子水	葡萄糖溶液		
1						
2						

根据式(2-22)计算葡萄糖的平均摩尔质量 M_B。

六、思考题

1. 什么是过冷现象？
2. 如何消除过冷现象？
3. 加入溶质的量太多或太少会有什么影响？
4. 冰盐水混合液为什么能产生低温环境？

附：热电偶温度计

热电偶温度计具有结构简单、使用方便、测量精度高、测量范围宽、便于与电子芯片连接等优点，在测温领域得到广泛应用。

当一段金属两端温度不同时，金属内电子会因温差造成移动速率不同。在金属两端形成电子密度差异，金属两端形成温差电势$\varepsilon(T,T_0)$。

温度相同时，两种金属相接触，由于金属内电子密度差异，造成通过接触面的电子数不同，在两种金属端形成接触电势$\varepsilon(T)$。

当两种金属形成如图 2-8 所示回路时，两种金属间的电势差 $E_{AB}(T,T_0)$是温度 T 的函数(温度 T_0 不变)。

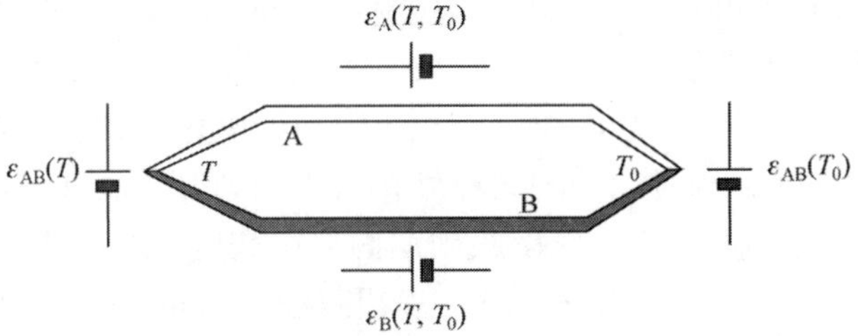

图 2-8 热电偶温度计原理简图

$$E_{AB}(T,T_0)=\varepsilon_{AB}(T)-\varepsilon_{A}(T,T_0)-\varepsilon_{AB}(T_0)+\varepsilon_{B}(T,T_0)$$

由于温差电势远小于接触电势，所以

$$E_{AB}(T,T_0)=\varepsilon_{AB}(T)-\varepsilon_{AB}(T_0)$$

当保持 T_0 的温度不变，则热电势 $E_{AB}(T,T_0)$大小仅与温度 T 有关，这就是热电偶测温的主要依据。

(孙智勇、王安俊)

实验十一 溶胶的制备与性质

一、预习内容

1. 胶体的相关概念。

2. 胶体的光学和电学性质。
3. 影响胶体稳定性的因素。

二、实验目的

1. 了解溶胶的制备方法。
2. 验证溶胶的光学、电学性质，以及溶胶的聚沉现象。

三、实验原理

胶体是一种分散系统，当分散相颗粒以 1～100 nm 大小的粒子分散于某种介质时，就成为胶体分散系统。

制备溶胶一般有两个途径，将粗颗粒进一步分散，或者将溶质分子凝聚，前者为分散法，后者为凝聚法。本实验采用水解反应制备 $Fe(OH)_3$ 溶胶。在 $FeCl_3$ 中加入 $NH_3 \cdot H_2O$ 制备 $Fe(OH)_3$ 沉淀，再在洗涤后的新鲜沉淀中加入 $FeCl_3$ 作为分散剂，加热搅拌，即得 $Fe(OH)_3$ 溶胶。

在胶体溶液中，分散在介质中的溶胶微粒由于自身的电离或表面吸附其他离子而形成带一定电荷的胶粒，同时在胶粒附近的介质中必然分布有与胶粒表面电性相反而电荷数量相同的离子，从而形成一个双电层。在外电场作用下，带电的胶粒携带其周围一定厚度的吸附层向带相反电荷的电极运动，在带电胶粒吸附层的外界面与介质之间，相对运动的边界处相对于均匀介质内部产生一电势，该电势称为电动电势，也称 ζ 电势。它随吸附层内离子浓度、电荷性质的变化而变化，它与胶体的稳定性有关，ζ 绝对值越大，表明胶粒电荷越多，胶粒间斥力越大，胶体越稳定。在外加电场作用下，胶粒的紧密层和扩散层就在界面上错开向两个不同电极方向移动，这种带着紧密层的分散相质点在电场作用下定向移动的现象称为电泳。

本实验采用简易电泳仪测定 $Fe(OH)_3$ 溶胶的电泳速率。在电泳仪 U 形管底部装入待测的棕红色 $Fe(OH)_3$ 溶胶，上面装入无色的稀 NaCl 溶液作为辅助液，使溶胶与溶液之间有明显界面。在 U 形管两端各放一根电极，通电一定时间后，即可看见 $Fe(OH)_3$ 溶胶的棕红色界面向负极上升，在正极则界面下降，说明 $Fe(OH)_3$ 胶粒带正电荷。

由于溶胶的粒径为 1～100 nm，容易引起入射光的散射。当一束光线通过胶体系统，在入射光的侧面可以看到一个明亮的光柱（当入射光为白光时，光柱一般为淡蓝色），此现象即为丁铎尔效应（乳光现象）。

用同一方法制备的同种溶胶，其胶粒均带有相同符号的电荷，由于同种电荷相互排斥，胶粒之间不能靠近聚合成更大的粒子而沉淀，这是溶胶能稳定存在的原因。使胶粒电荷减少的任何作用，如加入其他反离子或异电荷溶胶等，均能降低溶胶的稳定性，从而产生聚沉。

四、仪器与试剂

仪器：直流稳压电源，电泳仪，烧杯(50 mL，250 mL)，量筒(25 mL，100 mL)，移液管(1 mL，2 mL，5 mL)，试管(25 mL × 3)，1000 W 电炉，丁铎尔效应装置，抽滤装置，电导率仪，胶头滴管。

试剂：10 % $NH_3 \cdot H_2O$，0.15 % NaCl，2.0 $mol \cdot L^{-1}$ NaCl，1.0 $mol \cdot L^{-1}$ Na_2SO_4，10% $FeCl_3$。

五、实验步骤

1. $Fe(OH)_3$溶胶的制备

取 20 mL 10% $FeCl_3$溶液置于 250 mL 烧杯内，用去离子水稀释至 80 mL，滴加 10% $NH_3 \cdot H_2O$，直至不再产生沉淀。再加过量氨水数滴，静置 10 min 后，过滤，用去离子水洗涤沉淀 4 次。然后将沉淀转移至 250 mL 烧杯中，加去离子水 100 mL。再加入 10% $FeCl_3$ 5 mL，搅拌并加热至沸腾，沉淀逐渐溶解消失，所得即为 $Fe(OH)_3$溶胶。冷却至室温，并用电导率仪测定其电导率值。

2. 辅助液的制备

在 50 mL 烧杯中加入 25 mL 0.15% NaCl 溶液，测其电导率。若电导率与溶胶不一致，则用去离子水或 NaCl 调节，使辅助液与溶胶两者的电导率一致。

3. 电泳现象

如图 2-9 所示，将 $Fe(OH)_3$溶胶由小漏斗缓缓注入电泳仪 U 形管底部的适当位置(液面一般上升高度为 4～5 cm)，然后用滴管分别将 0.15% NaCl 溶液沿着管壁加入 U 形管的左右两管，液面高度大约 5 cm，注意两液面的界限一定要清晰。这时轻轻将铂电极插入辅液层中，小心不要搅动液面，两电极垂直入液面下且深度相等。用导线将电极与稳压电源(30～50 V)接上。通电 30 min 后观察现象。

4. 丁铎尔效应

如图 2-10 所示，将制得的 $Fe(OH)_3$溶胶倒入试管中，然后用一束聚集的白光照射在溶胶上观察有无丁铎尔效应。

5. 溶胶的聚沉

分别在两支试管中加入 2 mL $Fe(OH)_3$溶胶，其中一支试管滴加 2 $mol \cdot L^{-1}$

NaCl 溶液，另一支滴加 1 mol · L^{-1} Na_2SO_4 溶液，观察比较产生聚沉现象时两种电解质的用量。

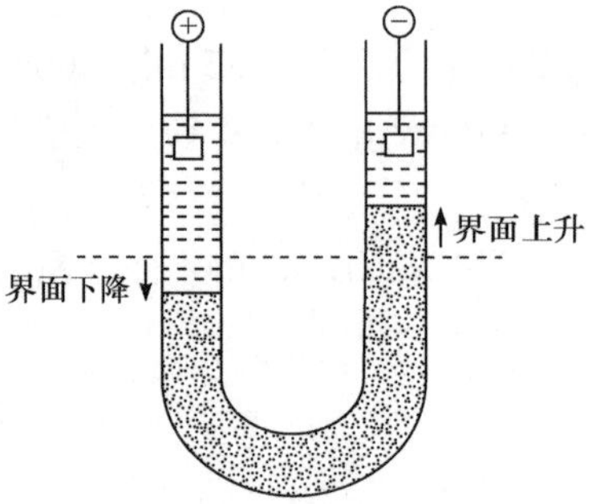

图 2-9　$Fe(OH)_3$ 胶体的电泳

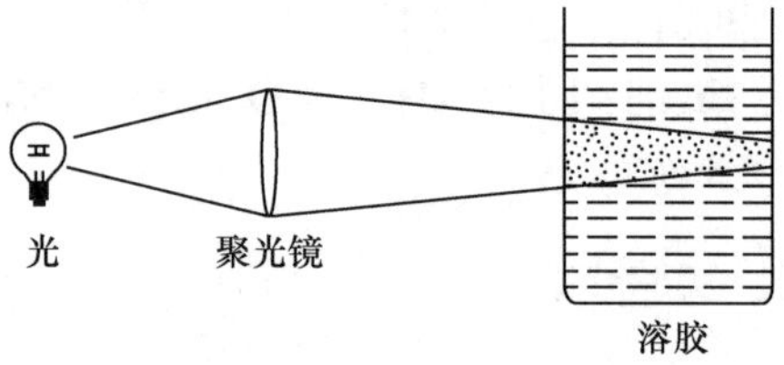

图 2-10　溶胶的丁铎尔效应

六、思考题

1. 制备 $Fe(OH)_3$ 溶胶过程中要注意哪些问题？
2. 辅助液的选择有哪些条件？
3. 在胶体中加入电解质溶液会有什么影响？

（张　欣）

实验十二　乙酸解离平衡常数的测定与乙酸含量的测定

一、预习内容

1. 弱电解质解离平衡常数和解离度的概念及其影响因素。
2. 滴定分析仪器的规范操作方法。
3. 酸度计的使用方法。

二、实验目的

1. 掌握测定乙酸解离度和解离平衡常数的方法。
2. 掌握滴定分析的操作方法和滴定终点的判断方法。
3. 掌握用酸度计测定溶液的 pH 的方法。

三、实验原理

乙酸是一元弱酸，在水溶液中存在以下解离平衡：

$$HAc + H_2O \rightleftharpoons H_3O^+ + Ac^-$$

起始浓度：　　c　　0　　0

平衡浓度：　　[HAc]　　$[H_3O^+]$　$[Ac^-]$

在一定的温度下，这个过程很快达到平衡，平衡常数的表达式为

$$K_a = \frac{[H_3O^+][Ac^-]}{[HAc]} \tag{2-23}$$

此时，解离度为

$$\alpha = \frac{[H_3O^+]}{c} \times 100\% \tag{2-24}$$

式中，$[H_3O^+]$、$[Ac^-]$、[HAc]分别为 H_3O^+、Ac^-、HAc 的平衡浓度。

严格地说，离子浓度应该用活度来表示(实际上用酸度计测得溶液的 pH 是对应溶液的 H_3O^+活度值)。在弱酸的稀溶液中，如果不存在其他强电解质，即溶液中的离子强度很小时，活度系数接近 1，浓度在数值上近似等于活度。

若忽略水解离的$[H_3O^+]$，则达到平衡时：

$$[H_3O^+] = [Ac^-] \qquad [HAc] = c - [H_3O^+]$$

$$K_a = \frac{[H_3O^+]^2}{c - [H_3O^+]} \tag{2-25}$$

当α<5%时，有

$$K_a = \frac{[H_3O^+]^2}{c} \tag{2-26}$$

K_a 值与溶液的浓度没有关系，在一定温度下是常数，但实验中的误差是不可避免的。因此，为了减小测定误差，配制一系列不同浓度的乙酸溶液进行测定，其平均值就是该温度下的 K_a 值。

用酸碱滴定方法测定乙酸浓度 c：以酚酞作指示剂，用 NaOH 标准溶液滴定至乙酸溶液由无色变为微红色且 30 s 不褪色，即为滴定终点，根据所消耗的 NaOH 标准溶液的体积和浓度即可确定乙酸溶液的准确浓度，为了减小误差，平行测定三次取平均值作为乙酸的准确浓度。$[H_3O^+]$可在酸度计上测出相应乙酸溶液的 pH，然后换算出 H_3O^+浓度，即可算出解离平衡常数 K_a 和解离度α值。

乙酸是食醋中的主要成分，其含量为 3%～5%。HAc 是一元弱酸，$K_a = 1.76 \times 10^{-5}$，可以用 NaOH 标准溶液直接滴定。由于滴定突跃范围在碱性范围内，故常用酚酞作为指示剂。

四、仪器与试剂

仪器：酸度计，烧杯(50 mL × 5)，两用滴定管(50 mL × 2)，锥形瓶(250 mL × 3)，容量瓶(50 mL × 4)，移液管(1 mL，5 mL，25 mL)。

试剂：0.1 mol · L^{-1} HAc，0.1000 mol · L^{-1} NaOH 标准溶液，市售食醋，酚酞指示剂。

五、实验步骤

1. 测定 0.1 mol · L^{-1} 乙酸溶液的准确浓度

用25 mL移液管吸取0.1 mol · L^{-1}的HAc溶液25.00 mL于锥形瓶中，加入1～2 滴酚酞指示剂，用 0.1000 mol · L^{-1} NaOH 标准溶液进行滴定，滴定至溶液呈微红色且 30 s 内不褪色即为滴定终点。记录消耗的 NaOH 标准溶液体积。平行测定三次，计算 HAc 溶液的准确浓度。数据记录于表 2-19 中。

2. 配制不同浓度的乙酸溶液

取 4 支 50 mL 的容量瓶，分别加入不同体积已知准确浓度的 HAc 溶液，按表 2-20 配制系列溶液，并计算稀释后的准确浓度值。

3. 测定乙酸溶液 pH

取上述四种不同浓度的 HAc 溶液分别置于 4 个干燥的小烧杯中，按溶液由稀到浓的顺序分别在酸度计上测定它们的 pH，数据记录在表 2-20 中。

4. 食醋中 HAc 含量的测定

样品溶液的配制：用移液管吸取食醋 25.00 mL，置于 100 mL 容量瓶中，用去离子水稀释至刻度，摇匀，用移液管吸取此溶液 25.00 mL 于锥形瓶中，滴加酚酞指示剂 1～2 滴，用 NaOH 标准溶液进行滴定，滴定至溶液呈微红色并在 30 s 内不褪色即为滴定终点。记录所消耗的 NaOH 溶液体积于表 2-21 中。平行测定 3 次，按式(2-27)计算食醋中 HAc 的含量。

$$\rho(\text{HAc})=\frac{c(\text{NaOH})\times V(\text{NaOH})\times 60.05\times 4}{25.00\times 1000}(\text{g}\cdot\text{mL}^{-1}) \tag{2-27}$$

六、数据记录与处理

数据记录与处理填入表 2-19～表 2-21。

表 2-19 HAc 溶液准确浓度的测定

序号	1	2	3
指示剂			
终点颜色变化			
V(HAc)/mL			
$V(\text{NaOH})_{终读数}$/mL			
$V(\text{NaOH})_{初读数}$/mL			
ΔV(NaOH)/mL			
c(NaOH)/(moL · L^{-1})			
$c(\text{HAc})_{准确}$/(mol · L^{-1})			
$\bar{c}(\text{HAc})_{准确}$/(mol · L^{-1})			
相对平均偏差			

表 2-20 HAc 溶液解离度和解离平衡常数的测定

序号	1	2	3	4
$c(\text{HAc})_{准确}$/(mol · L^{-1})				
$V(\text{HAc})_{原始}$/mL	2.50	5.00	25.00	50.00
$V_{总}(\text{HAc})_{稀释}$/mL	50.00	50.00	50.00	50.00
$c(\text{HAc})_{稀释}$/(mol · L^{-1})				
pH				
$[H_3O^+]$				
α				
K_a				
$\overline{K}_a$				
相对平均偏差				

表 2-21 食醋中 HAc 含量的测定

序号	1	2	3
指示剂			
终点颜色变化			
$V_{食醋,原始}$/mL			

续表

序号	1	2	3
$V_{总,稀释后食醋}$/mL			
$V_{待测,稀释后食醋}$/mL			
$V(NaOH)_{终读数}$/mL			
$V(NaOH)_{初读数}$/mL			
$\Delta V(NaOH)$/mL			
$c(NaOH)/(mol \cdot L^{-1})$			
$w(HAc)$/%			
相对平均偏差			

七、思考题

1. 解离度和解离平衡常数在反映电解质性质时有哪些区别与联系？一定温度下，不同浓度的 HAc 溶液的解离度是否相同？其解离平衡常数是否相同？
2. 如果改变测定温度，HAc 的解离度和解离平衡常数有无变化？
3. 在用 NaOH 滴定 HAc 溶液时能否选择甲基红作为指示剂？有什么样的影响？
4. 用酸度计测定不同浓度溶液的 pH 时，为什么按由稀到浓的顺序进行？

（王文君）

实验十三　化学反应速率、反应级数和活化能的测定

一、预习内容

1. 化学反应速率、反应速率常数、反应级数、活化能等概念。
2. 阿伦尼乌斯方程式。
3. 浓度、温度对反应速率的影响。

二、实验目的

1. 了解测定化学反应速率、反应级数、活化能的原理，以及实验数据的处理和作图方法。

2. 通过化学反应速率的测定，计算反应的反应级数和活化能。

三、实验原理

$(NH_4)_2S_2O_8$ 与 KI 在水溶液中发生反应的方程式为

$$(NH_4)_2S_2O_8 + 2KI = (NH_4)_2SO_4 + K_2SO_4 + I_2 \qquad ①$$

其反应速率和浓度的关系可用下式表示：

$$v = k[S_2O_8^{2-}]^m \cdot [I^-]^n \qquad (2\text{-}28)$$

式中，v 为反应速率；k 为反应速率常数；m、n 表示反应的级数。

为测出在一定时间 (Δt) 内 $S_2O_8^{2-}$ 浓度的改变量，可在混合过二硫酸铵和碘化钾溶液的同时，加入一定体积的已知浓度并含有淀粉（指示剂）的 $Na_2S_2O_3$ 溶液。反应①生成的 I_2 立即与 $S_2O_3^{2-}$ 生成无色的 $S_4O_6^{2-}$ 和 I^-。因此，开始一段时间内溶液呈无色，当 $Na_2S_2O_3$ 耗尽时，则反应①继续生成的微量碘就会与淀粉作用，使溶液呈蓝色。

$$2S_2O_3^{2-} + I_2 = S_4O_6^{2-} + 2I^- \qquad ②$$

从反应方程式①和②可以看出，$S_2O_8^{2-}$ 浓度减少的量等于 $S_2O_3^{2-}$ 减少量的一半，即

$$\Delta[S_2O_8^{2-}] = \frac{\Delta[S_2O_3^{2-}]}{2} \qquad (2\text{-}29)$$

从反应开始到溶液呈蓝色这段时间 (Δt) 内 $S_2O_3^{2-}$ 全部耗尽，所以 $\Delta[S_2O_3^{2-}]$ 实际上就是反应刚开始时 $Na_2S_2O_3$ 的浓度。实验时，记录从反应开始到溶液出现蓝色所用的时间 (Δt)，就可以求算一定温度下的平均反应速率：

$$\overline{v} = \frac{\Delta[S_2O_8^{2-}]}{\Delta t} = \frac{\Delta[S_2O_3^{2-}]}{2 \cdot \Delta t} \qquad (2\text{-}30)$$

实验证明，由反应式①的反应速率即能计算出该反应的反应级数 m 和 n。

$$v = \frac{d[S_2O_8^{2-}]}{dt} = k[S_2O_8^{2-}]^m[I^-]^n \qquad (2\text{-}31)$$

对式 (2-31) 两边取对数，可得

$$\lg v = \lg k + m\lg[S_2O_8^{2-}] + n\lg[I^-] \qquad (2\text{-}32)$$

当 $[I^-]$ 不变时，以 $\lg v$ 对 $\lg[S_2O_8^{2-}]$ 作图，得一直线，斜率 m 为相对于 $[S_2O_8^{2-}]$ 的反应级数。同理当 $[S_2O_8^{2-}]$ 不变时，以 $\lg v$ 对 $\lg[I^-]$ 作图，得一直线，斜率 n 为相对于 $[I^-]$ 的反应级数。根据 m 和 n，由速率方程 $v = k[S_2O_8^{2-}]^m[I^-]^n$ 可求一定温

度下的反应速率 k。

根据实验事实，阿伦尼乌斯(Arrhenius)提出了反应速率常数 k 和反应温度 T 之间的经验关系式，即阿伦尼乌斯方程式：

$$\lg k = \lg A - \frac{E_a}{2.303RT} \tag{2-33}$$

式中，E_a 称为阿伦尼乌斯实验活化能；R 为摩尔气体常量；A 为实验测得常数。测出不同温度时的 k 值，以 $\lg k$ 对 $1/T$ 作图得一直线，已知其斜率为 $\frac{-E_a}{2.303R}$，由此求得反应活化能为 E_a。

四、仪器与试剂

仪器：烧杯(50 mL × 5)，量筒(10 mL × 4)，大试管，温度计，秒表，恒温水浴箱。

试剂：0.20 mol · L^{-1} $(NH_4)_2S_2O_8$、0.20 mol · L^{-1} KI、0.20 mol · L^{-1} $(NH_4)_2SO_4$、0.20 mol · L^{-1} KNO_3，0.010 mol · L^{-1} $Na_2S_2O_3$，0.2 %淀粉溶液。

五、实验步骤

1. 浓度对化学反应速率的影响

在室温下，用三个量筒(每种试剂都用带有标签的量筒来量取，不能混用)分别量取 20.0 mL 0.20 mol · L^{-1} KI 溶液、8.0 mL 0.010 mol · L^{-1} $Na_2S_2O_3$ 溶液和 4.0 mL 0.2%淀粉溶液，都倒入 50 mL 烧杯中，混合均匀。再用另一量筒量取 0.20 mol · L^{-1} $(NH_4)_2S_2O_8$ 溶液 20.0 mL，迅速倒入烧杯中，同时开启秒表，并搅拌。当溶液刚出现蓝色时，停秒表，记下反应时间及室温，填入表 2-22 中。

表 2-22 浓度对化学反应速率的影响 温度_____℃

实验编号	1	2	3	4	5
0.20 mol · L^{-1} $(NH_4)_2S_2O_8$ 溶液体积/mL	20.0	10.0	5.0	20.0	20.0
0.20 mol · L^{-1} KI 溶液体积/mL	20.0	20.0	20.0	10.0	5.0
0.010 mol · L^{-1} $Na_2S_2O_3$ 溶液体积/mL	8.0	8.0	8.0	8.0	8.0
0.2%淀粉溶液体积/mL	4.0	4.0	4.0	4.0	4.0
0.20 mol · L^{-1} KNO_3 溶液体积/mL				10.0	15.0
0.20 mol · L^{-1} $(NH_4)_2SO_4$ 溶液体积/mL		10.0	15.0		

续表

实验编号	1	2	3	4	5
$Na_2S_2O_3$ 溶液浓度/(mol·L^{-1})					
KI溶液浓度/(mol·L^{-1})					
$(NH_4)_2S_2O_8$ 溶液浓度/(mol·L^{-1})					
反应时间 Δt/s					
反应速率 v/(mol·L^{-1}·s^{-1})					
反应速率常数					
平均反应速率常数					
反应级数	$m=$		$n=$		

用同样方法按照表 2-22 的用量进行另外四次实验。为了使每次实验中溶液的离子强度和总体积保持不变，不足的量[KI 或$(NH_4)_2S_2O_8$]可分别用 0.20 mol · L^{-1} KNO_3 和 0.20 mol · L^{-1} $(NH_4)_2SO_4$ 溶液补充。

2. 温度对化学反应速率的影响并求活化能

按表 2-22 中实验编号 4 的用量，在 50 mL 干燥小烧杯中加入 KI、$Na_2S_2O_3$ 和淀粉溶液。把$(NH_4)_2S_2O_8$ 溶液加到另一干燥烧杯中，同时放入冰浴中冷却，待两种试液的温度都降到低于室温 10℃时，将$(NH_4)_2S_2O_8$ 迅速倒入 KI 等混合溶液中，同时计时，并不断搅拌溶液，当溶液变蓝时，记录反应时间。利用热水浴，在高于室温 10 K、20 K、30 K、40 K 的条件下重复上述实验，记录反应时间。将以上实验数据填入表 2-23 中。

表 2-23 温度对化学反应速率的影响

实验编号	$T-10$ K	$T+40$ K	$T+30$ K	$T+20$ K	$T+10$ K
反应温度 T/K					
反应时间 Δt/s					
反应速率 v/(mol·L^{-1}·s^{-1})					
反应速率常数/(L·mol^{-1}·s^{-1})					
$\lg k$					
$(1/T)$/K^{-1}					
E_a/(kJ·mol^{-1})					

六、数据记录与处理

1. 根据表 2-22 的数据计算各实验的反应速率，并总结浓度对反应速率的影响。

2. 用表 2-23 中各次实验的 lg$k$ 对 1/T 作图，求算反应活化能，并总结温度对反应速率的影响。

七、思考题

1. 如何求出该化学反应的反应级数？
2. 如何求出反应速率常数和反应活化能？

（蒲家志）

实验十四　蔗糖水解反应速率常数的测定

一、预习内容

1. 一级反应、化学反应速率、半衰期。
2. 旋光仪的构造原理，左、右旋光物质和旋光度的概念。

二、实验目的

1. 了解蔗糖水解反应物浓度与旋光度之间的关系。
2. 测定蔗糖转化反应的速率常数和半衰期。
3. 了解旋光仪的构造基本原理，并掌握其正确的操作技术。

三、实验原理

蔗糖在酸性条件下，水解成葡萄糖与果糖，其反应为

$$C_{12}H_{22}O_{11} + H_2O \longrightarrow C_6H_{12}O_6 \quad + \quad C_6H_{12}O_6$$

（蔗糖 $[\alpha]_D^{20} = 66.6°$）　（葡萄糖 $[\alpha]_D^{20} = 52.5°$）　（果糖 $[\alpha]_D^{20} = 52.5°$）

该反应的速率与蔗糖、水、H^+的浓度有关，因在反应中水的浓度基本是恒定的，且 H^+是催化剂，其浓度基本保持不变，故此反应可视为一级反应，其动力学方程式为

$$-\frac{dc}{dt} = k \cdot c \tag{2-34}$$

$$\ln c = \ln c_0 - kt \tag{2-35}$$

式中，c 为时间 t 时的反应物(蔗糖)浓度；k 为反应速率常数。积分可得 c_0 为反应开始时反应物(蔗糖)浓度。

当 $c = 0.5\,c_0$ 时，可用 $t_{1/2}$ 表示，即为反应半衰期：

$$t_{1/2} = \frac{\ln 2}{k} = \frac{0.693}{k} \tag{2-36}$$

由于蔗糖及其转化物具有旋光性，而且它们的旋光能力不同，因此可以利用体系在反应进程中旋光度的变化来度量反应的进程，从而分析出反应物浓度的变化。

测量物质旋光度的仪器称为旋光仪。溶液的旋光度与溶液中所含物质的旋光能力、溶液性质、溶液浓度、样品管长度及温度等均有关系。当其他条件固定时，旋光度 α 与反应物浓度 c 呈线性关系，即

$$\alpha = \beta \cdot c \tag{2-37}$$

式中，比例常数 β 与物质的旋光能力、溶液性质、溶液浓度、样品管长度、温度等有关。

由于生成物中果糖的左旋性比葡萄糖右旋性大，因此生成物呈现左旋性质。随着反应进行，体系的右旋角不断减小，反应至某一瞬间，体系的旋光度恰好等于零，而后就变成左旋，直至蔗糖完全转化，这时左旋角达到最大值 α_∞。

设体系最初的旋光度为

$$\alpha_0 = \beta_{反} \cdot c_0 \qquad (t = 0，蔗糖尚未转化) \tag{2-38}$$

体系最终的旋光度为

$$\alpha_\infty = \beta_{生} \cdot c_0 \qquad (t = \infty，蔗糖已完全转化) \tag{2-39}$$

式(2-38)和式(2-39)中，$\beta_{反}$ 和 $\beta_{生}$ 分别为反应物与生成物的比例常数。当时间为 t 时，蔗糖浓度为 c，此时旋光度为 α_t，即

$$\alpha_t = \beta_{反} \cdot c + \beta_{生}(c_0 - c) \tag{2-40}$$

由式(2-38)、式(2-39)和式(2-40)联立可解得

$$c_0 = \frac{\alpha_0 - \alpha_\infty}{\beta_{反} - \beta_{生}} = \beta'(\alpha_0 - \alpha_\infty) \tag{2-41}$$

$$c = \frac{\alpha_t - \alpha_\infty}{\beta_{反} - \beta_{生}} = \beta'(\alpha_t - \alpha_\infty) \tag{2-42}$$

将式(2-41)和式(2-42)代入式(2-35)得

$$\ln(\alpha_t - \alpha_\infty) = -k \cdot t + \ln(\alpha_0 - \alpha_\infty) \tag{2-43}$$

显然，以 $\ln(\alpha_t - \alpha_\infty)$ 对 t 作图可得一直线，从直线斜率即可求得反应速率常数 k。反应速率常数 k 的大小与水解温度有关，实验需在恒温的条件下进行。

四、仪器与试剂

仪器：WZZ-2B 自动旋光仪，秒表，超级恒温水浴器，台秤，旋光管（20 cm × 2），容量瓶（50 mL），锥形瓶（150 mL × 2），烧杯（100 mL），移液管（5 mL × 2）。

试剂：蔗糖（分析纯），4.00 mol · L^{-1} HCl，葡萄糖（分析纯）。

五、实验步骤

(1) 预热旋光仪：打开电源开关，5 min 后打开光源开关，预热 20 min。

(2) 校正旋光仪：去离子水为非旋光（$\alpha = 0$）物质，可以用来校正旋光仪的零点（$\alpha = 0$ 时仪器对应的刻度）。将装有去离子水的旋光管放入旋光仪中，按“清零”键，在整个过程中仅按一次，如果测试数值保持不变，按“复测”键，此即为旋光仪零点。旋光管取出时，旋光仪显示为 0.000，测后取出旋光管，倒出去离子水。

(3) 反应过程的旋光度的测定：将恒温水浴和恒温箱都调节到所需的反应温度（室温以上，如 30℃）。称 20 g 蔗糖于 100 mL 烧杯中，加入 100 mL 去离子水配成蔗糖溶液，在两个锥形瓶中分别取蔗糖溶液和 2 mol · L^{-1} HCl 溶液各 50 mL，将 HCl 溶液倒入蔗糖溶液中（倒入即计时，此时 $t = 0$），快速均匀混合反应物，注入旋光管，在反应开始 15 min 内每分钟测 1 次，这之后每 2 min 测 1 次。一直测量到旋光度为负值为止。

以上剩余反应混合液在 60℃水浴中加热 40 min，冷却至室温，每分钟测 1 次，测 5 次即可。读取 5～7 个数据，如在测量误差范围，取其平均值，即为α_∞值。

六、数据记录与处理

(1) 将反应过程所测得的旋光度α_t和对应时间 t 列于表 2-24，并作α_t-t 曲线图。

表 2-24　旋光法测反应速率常数数据处理

室温__________℃　　大气压__________Pa

t/min	α_t /(°)	$\alpha_t - \alpha_\infty$	$\ln(\alpha_t - \alpha_\infty)$
反应温度：30℃；		α_∞：	

(2)在α_t-t曲线上等间隔取 8 个($\alpha_t - t$)数组，并通过计算，以$\ln(\alpha_t - \alpha_\infty)$对$t$作图，由直线斜率求反应速率常数$k$并计算反应半衰期$t_{1/2}$。

七、思考题

1. 实验中，用去离子水校正旋光仪的零点，那么在蔗糖转化反应过程中所测得的旋光度α_t是否必须要进行零点校正？
2. 配制蔗糖溶液时称量不够准确，对测量结果是否有影响？
3. 在混合蔗糖溶液和盐酸溶液时，将盐酸加到蔗糖溶液中，可否将蔗糖溶液加到盐酸溶液中？为什么？

（蒲家志）

实验十五　硫酸亚铁铵的制备及纯度检测

一、预习内容

1. 常用玻璃瓷质仪器，如烧杯、锥形瓶、蒸发皿、布氏漏斗等的使用方法。
2. 制备无机物的一些基本操作：水浴加热、蒸发、浓缩、结晶、减压过滤等。
3. 检验用无氧水的制备。
4. 查阅硫酸亚铁和硫酸亚铁铵的溶解度数据。
5. 复盐的性质，硫酸亚铁铵的制备方法，纯度检验方法。

二、实验目的

1. 了解复盐的一般特性和制备。
2. 练习无机物制备的基本操作。
3. 熟悉某些铁化合物的基本性质。
4. 熟悉硫酸亚铁铵纯度的检测方法。

三、实验原理

硫酸亚铁铵[$(NH_4)_2SO_4 \cdot FeSO_4 \cdot 6H_2O$]俗称莫尔盐，为硫酸亚铁和硫酸铵的复盐，是浅蓝绿色单斜晶体。它比一般的亚铁盐稳定，在空气中不易被氧化，溶于水而不溶于乙醇；由于价格低，制造工艺简单，容易得到较纯净的晶体，因此应用广泛。

硫酸亚铁铵和其他复盐一样，在水中的溶解度比它的每一组分 $FeSO_4$ 或 $(NH_4)_2SO_4$ 的溶解度都要小。利用这一特点，可通过蒸发浓缩$(NH_4)_2SO_4$和 $FeSO_4$

混合溶液，制取硫酸亚铁铵晶体。三种盐的溶解度数据列于表 2-25。

表 2-25　三种盐的溶解度[g · (100 g H_2O)$^{-1}$]

温度/℃	$FeSO_4$	$(NH_4)_2SO_4$	$(NH_4)_2SO_4 \cdot FeSO_4 \cdot 6H_2O$
10	20.0	73.0	17.2
20	26.5	75.4	21.6
30	32.9	78.0	28.1
70	56.0	91.9	38.5

本实验先将铁屑与稀硫酸反应制得硫酸亚铁溶液，然后向亚铁盐溶液中加入硫酸铵，使之全部溶解，经加热浓缩制得混合溶液，再冷却即可得到溶解度较小、浅蓝绿色的硫酸亚铁铵晶体 $(NH_4)_2SO_4 \cdot FeSO_4 \cdot 6H_2O$。

$$Fe + H_2SO_4 = FeSO_4 + H_2\uparrow$$

$$FeSO_4 + (NH_4)_2SO_4 + 6H_2O = (NH_4)_2SO_4 \cdot FeSO_4 \cdot 6H_2O$$

铁屑表面常含有油污，反应前需净化处理。铁屑与酸反应过程中有 H_2S、PH_3 等有毒气体放出，所以反应需在良好的通风条件下进行。加热可促进铁屑与酸的反应，但较长时间的加热容易析出 $FeSO_4 \cdot H_2O$。

产品的质量鉴定可以通过测定其杂质的含量，从而确定产品的等级。在制得的目标产品中主要杂质为 Fe^{3+}，由于 Fe^{3+} 与 SNC^- 能生成血红色配离子 $[Fe(SNC)_n]^{3-n}$，其溶液颜色的深浅与 Fe^{3+} 含量有关。用目视比色法可判断产品中 Fe^{3+} 的含量，评定产品等级。评定办法是：称取 1.0 g 产品置于 25 mL 比色管中，用 15 mL 无氧的去离子水[1]溶解，再加入 2 mL 3 mol · L^{-1} HCl 和 1 mL 25 % KNCS 溶液，再用无氧的去离子水稀释至刻度，摇匀，并与标准溶液比较，确定产品级别。标准溶液由实验室配制提供。各级标准液含 Fe^{3+} 量为：Ⅰ级 0.05 mg，Ⅱ级 0.10 mg，Ⅲ级 0.20 mg[2]。

产品质量的好坏，也可以采用高锰酸钾滴定法测定有效成分的含量。在酸性介质中，Fe^{2+} 被高锰酸钾定量氧化为 Fe^{3+}，$KMnO_4$ 的颜色变化可以指示滴定终点的到达。

$$5Fe^{2+} + MnO_4^- + 8H^+ = 5Fe^{3+} + Mn^{2+} + 4H_2O$$

四、仪器与试剂

仪器：锥形瓶(250 mL)，蒸发皿(50 cm)，吸滤瓶，布氏漏斗(25 cm)，酸式滴定管(50 mL)，容量瓶(1000 mL)，量筒(25 mL)，具塞比色管(25 mL × 4)，普

通漏斗，托盘天平，真空泵，恒温水浴箱。

试剂：3 mol · L^{-1} H_2SO_4，3 mol · L^{-1} HCl，10% Na_2CO_3，25% KSCN，95%乙醇，$(NH_4)_2SO_4$固体，铁屑，85% H_3PO_4，0.1000 mol · L^{-1} $KMnO_4$标准溶液，硫酸铵，0.1000 g · L^{-1} Fe^{3+}标准溶液[3]，硫酸亚铁铵。

五、实验步骤

1. 硫酸亚铁铵的制备

1）铁屑的净化（去油污）

用托盘天平称取 2.0 g 铁屑，放入锥形瓶中，加入 15 mL 10% Na_2CO_3溶液，小火加热煮沸约 10 min 以除去铁屑上的油污，倾去碱液，用自来水冲洗后，再用去离子水把铁屑冲洗干净。

2）$FeSO_4$的制备[4]

向上述已去油污的铁屑中加入 15 mL 3 mol · L^{-1} H_2SO_4溶液，水浴加热至不再有气泡放出[4]。过滤前先称量滤纸质量并记录，趁热减压过滤，用少量热水洗涤锥形瓶及漏斗上的残渣，抽干。将滤液转移至洁净的蒸发皿中，将留在锥形瓶内和滤纸上的残渣收集在一起，烘干后称量。由已作用的铁屑质量算出生成的$FeSO_4$的量。

3）硫酸亚铁铵的制备

根据溶液中 $FeSO_4$的量，按反应方程式计算并称取所需$(NH_4)_2SO_4$固体的质量，加入上述制得的 $FeSO_4$溶液中。水浴加热，搅拌使$(NH_4)_2SO_4$全部溶解[5]，并用 3 mol · L^{-1} H_2SO_4溶液调节至 pH 为 1～2。如 pH 偏高，可用 H_2SO_4溶液调节，继续在水浴上蒸发、浓缩至表面出现结晶薄膜为止[6]。静置，使之缓慢冷却后，即有浅蓝绿色的$(NH_4)_2SO_4 \cdot FeSO_4 \cdot 6H_2O$晶体析出；减压过滤除去母液，并用少量 95%乙醇洗涤晶体，抽干[7]。将晶体取出，用吸水纸轻压吸干。

观察晶体的颜色和形状，称量，计算产率。

2. 产品检验

1）Fe^{3+}的限量检查

称取 1.0 g 自制产品于 25 mL 具塞比色管中，用 15 mL 无氧的去离子水溶解，然后再加入 2 mL 3 mol · L^{-1} HCl 和 1 mL 25% KSCN 溶液，加水稀释至 25 mL，摇匀。与标准色阶进行目视比色，确定产品级别。

Fe^{3+}标准溶液的配制：在三支 25 mL 比色管中，分别加入由实验室提供的含

有下列质量 Fe^{3+} 的标准溶液，用处理试样相同的方法在比色管中配成 25 mL 的溶液；三支比色管中的颜色深浅形成色阶，样品溶液与之比对。

Ⅰ级试剂：含 Fe^{3+}　0.05 mg；

Ⅱ级试剂：含 Fe^{3+}　0.10 mg；

Ⅲ级试剂：含 Fe^{3+}　0.20 mg。

2)硫酸亚铁铵含量的测定

称取 0.8～0.9 g(准确至 0.0001 g)所制得的 $(NH_4)_2SO_4 \cdot FeSO_4 \cdot 6H_2O$ 三份，分别放入 250 mL 锥形瓶中，各加 50 mL 无氧的去离子水、15 mL 3 $mol \cdot L^{-1}$ H_2SO_4 和 2 mL 85% H_3PO_4 溶液，使试样溶解。再用滴定管移取约 10 mL $KMnO_4$ 标准溶液于锥形瓶中，加热至 70～80℃；继续用 $KMnO_4$ 标准溶液滴定至溶液刚出现微红色且 30 s 不褪色即为终点，记录消耗 $KMnO_4$ 标准溶液的体积 V，按式(2-44)计算产品中硫酸亚铁铵的质量分数。

$$w(\mathrm{Fe}) = \frac{5 \times c(\mathrm{KMnO_4}) \cdot V(\mathrm{KMnO_4}) \cdot M(\mathrm{Fe}) \times 10^{-3}}{m(\text{试样})} \tag{2-44}$$

六、思考题

1. 为什么硫酸亚铁铵在定量分析中可以用来配制亚铁离子的标准溶液？
2. 溶解铁屑时，为什么 H_2SO_4 要略过量？若 H_2SO_4 量不足，可能有什么后果？
3. 洗涤晶体时为什么用 95%乙醇而不用水？

注释

[1] 无氧的去离子水的制备：将去离子水煮沸 10～20 min，冷却后即可使用。

[2] Ⅰ级试剂配制方法：取 0.5 mL Fe^{3+} 标准溶液于 25 mL 比色管中，加 2 mL 3 $mol \cdot L^{-1}$ HCl 和 1 mL 25% KSCN 溶液，加无氧的去离子水稀释至 25 mL，摇匀。相当于Ⅰ级试剂的标准溶液含 Fe^{3+} 为 0.05 $mg \cdot g^{-1}$，质量分数为 0.005%。Ⅱ级试剂配制方法：加入 1 mL Fe^{3+} 标准溶液，其他操作与Ⅰ级试剂配制方法相同。Ⅲ级试剂配制方法：加入 2 mL Fe^{3+} 标准溶液，其他操作与Ⅰ级试剂配制方法相同。

[3] 0.1000 $g \cdot L^{-1}$ Fe^{3+} 标准溶液的配制：称取 0.8634 g $NH_4Fe(SO_4)_2 \cdot 12H_2O$，溶于少量无氧的去离子水中，加入 2.5 mL 浓 H_2SO_4 溶液，移入 1000 mL 容量瓶中，稀释至刻度。该溶液含 Fe^{3+} 为 0.1000 $g \cdot L^{-1}$。

[4] 酸溶时要注意分次补充少量水，以防止 $FeSO_4$ 析出。

[5] 加入硫酸铵后，应搅拌使其溶解后再往下进行。

[6] 蒸发浓缩初期要不停地搅拌，但要注意观察晶膜，一旦发现晶膜出现即停止搅拌。

[7] 最后一次抽滤时，注意将滤饼压实，不能用去离子水或母液洗晶体。

（袁泽利）

实验十六　葡萄糖酸锌的制备及锌含量的测定

一、预习内容

1. 葡萄糖酸锌的性质及其制备原理。
2. 配位滴定法的基本实验操作。
3. 重结晶基本操作。

二、实验目的

1. 了解葡萄糖酸锌的制备方法和原理。
2. 掌握锌盐的配位滴定测定其含量的方法。
3. 熟悉重结晶基本操作。

三、实验原理

葡萄糖酸锌为有机锌补剂，它能参与核酸和蛋白质的合成，增强人体免疫能力，促使胎、婴、幼儿生长发育。对胃黏膜刺激小，在体内易被人体吸收，且吸收率高，溶解性好。葡萄糖酸锌在体内解离成锌离子和葡萄糖酸，可为人体提供极为重要的微量元素锌。现已知人体中有100多种酶的合成和激活与锌密切相关，40多种疾病与缺锌有关。锌缺乏时出现味觉、嗅觉差，厌食，生长发育迟缓，营养不良，智力发育低，引起口腔溃疡，皮肤痤疮等症状。

葡萄糖酸锌的化学式为$(C_6H_{11}O_7)_2Zn$，相对分子质量为455.6，是葡萄糖酸的锌盐，常温下为白色结晶或颗粒性粉末，无嗅，味微涩，在沸水中极易溶解，在水中溶解，在无水乙醇、氯仿或乙醚中不溶。

葡萄糖酸锌的工业生产方法有发酵法、空气催化氧化法和葡萄糖酸钙间接合成法。

1. 发酵法

以葡萄糖为原料，用曲霉菌发酵氧化成葡萄糖酸。经分离、提纯后与氧化锌或氢氧化锌中和，制备葡萄糖酸锌。该方法是国内外主要采用的方法，反应简单、原料易得、成本低，但发酵过程技术要求较高。

2. 空气催化氧化法

在催化剂的存在下，葡萄糖经空气氧化生成葡萄糖酸，再滴加氢氧化钠溶液至 pH 为 9.0～10.0，使之转化为葡萄糖酸钠，分离过滤催化剂，然后葡萄糖酸钠溶液经强酸性阳离子交换树脂转化为高纯度的葡萄糖酸溶液。最后与氧化锌或氢氧化锌反应生成葡萄糖酸锌，经浓缩、结晶、重结晶即得产品。该方法原料易得，成本低，产品质量好。

3. 葡萄糖酸钙间接合成法

葡萄糖酸钙经硫酸酸化后，滤除硫酸钙沉淀得葡萄糖酸溶液，经离子交换树脂提纯后与氧化锌或氢氧化锌反应得葡萄糖酸锌，再经过滤、结晶、干燥即得产品。

本实验通过葡萄糖酸钙与等物质的量的硫酸锌发生如下反应来制备葡萄糖酸锌。

$$Ca(C_6H_{11}O_7)_2 + ZnSO_4 = Zn(C_6H_{11}O_7)_2 + CaSO_4\downarrow$$

将制备的葡萄糖酸锌加水溶解，加入 NH_3-NH_4Cl 缓冲溶液控制 pH 大约为 10.0，再加入铬黑 T 指示剂，然后用 EDTA 标准溶液滴定至溶液由酒红色转变为纯蓝色，根据 EDTA 标准溶液的用量，计算出葡萄糖酸锌中锌的含量，其测定原理见实验二。

四、仪器与试剂

仪器：分析天平，台秤，恒温水浴箱，布氏漏斗，电加热板，抽滤瓶，蒸发皿，移液管(25 mL)，酸式滴定管(50 mL)，烧杯(150 mL × 3)，量筒(100 mL)，容量瓶(250 mL，100 mL)，锥形瓶(250 mL × 3)。

试剂：$ZnSO_4 \cdot 7H_2O$(分析纯)，葡萄糖酸钙(分析纯)，EDTA(分析纯)，无水乙醇，铬黑 T 指示剂，NH_3-NH_4Cl 缓冲溶液。

五、实验步骤

1. 葡萄糖酸锌的制备

(1) 粗品的制备：称取 10.1 g $ZnSO_4 \cdot 7H_2O$ 置于 150 mL 烧杯中，加入 60 mL 去离子水，加热至 80～90℃，使其完全溶解。再逐渐加入葡萄糖酸钙 15.0 g，并不断搅拌，将烧杯放在 90℃水浴上静置 20 min。趁热用两层滤纸抽滤，滤液移至蒸发皿中，弃去滤渣 $CaSO_4$。将滤液浓缩至黏稠状，并冷至室温，加入 20 mL 无水乙醇降低葡萄糖酸锌的溶解度，并不断用力搅拌尽量防止大量的胶状葡萄糖酸锌的产生，充分搅拌后，用倾泻法去除剩余无水乙醇。随着无水乙醇的挥发逐渐产生白色沉淀直到产生白色粉末状物质，然后抽滤至干，即得葡萄糖酸锌粗品，回收母液。

(2)重结晶：将粗品加 15 mL 水，加热 90℃至溶解，趁热抽滤，滤液冷至室温，加 20 mL 无水乙醇，充分搅拌，结晶析出后，抽滤至干，即得精品，在 50℃下烘干，并称取葡萄糖酸锌的质量，计算其产率。

2. 样品中锌含量的测定

用分析天平称取 9.2～9.4 g(精确至 ± 0.0001 g)EDTA 于烧杯中，用 50 mL 去离子水溶解，转移至 250 mL 容量瓶中，加去离子水稀释至刻度，摇匀，并计算出 EDTA 的准确浓度。再准确称取 2.3～2.5 g 葡萄糖酸锌，溶于 40 mL 水中，微热，冷却后转移到 100 mL 容量瓶中加水定容。然后用移液管移取 25.00 mL 葡萄糖酸锌溶液于 250 mL 锥形瓶中，加 10 mL NH_3-NH_4Cl 缓冲溶液，加入铬黑 T 指示剂，用上述配制的 EDTA 溶液滴定至溶液由酒红色转变为纯蓝色，即为终点，平行测定三次。样品中锌的含量计算如下：

$$w(\mathrm{Zn})=\frac{c(\mathrm{EDTA})\cdot V(\mathrm{EDTA})\cdot M_{\mathrm{Zn}}}{m\times 1000\times \frac{25.00}{100.0}}\times 100\% \tag{2-45}$$

式中，m 为样品的质量(g)。

六、数据记录与处理

将数据按表 2-26 记录并进行数据分析处理。

表 2-26　样品中锌含量的测定

实验序号	1	2	3
指示剂终点颜色变化			
m(葡萄糖酸锌)/g			
$V(\mathrm{EDTA})_{终读数}$/mL			
$V(\mathrm{EDTA})_{初读数}$/mL			
$\Delta V(\mathrm{EDTA})$/mL			
$w(\mathrm{Zn})$/%			
$w(\mathrm{Zn})_{平均}$/%			
相对平均偏差			

七、思考题

1. 为什么反应需在 90℃恒温水浴中进行？
2. 在沉淀与结晶葡萄糖酸锌时，都加入无水乙醇，其作用是什么？
3. 葡萄糖酸锌的药用作用是什么？
4. 微量元素锌与人体健康的关系怎样？

（胡庆红）

实验十七 熔点的测定

一、预习内容

1. 初熔点、全熔点和熔程的概念。
2. 纯净物和混合物熔程的特点。
3. 测熔点所用主要仪器——提勒管（Thiele）和毛细管。

二、实验目的

1. 了解测定熔点的意义。
2. 掌握测定熔点的方法。

三、实验原理

熔点是有机化合物的物理常数之一。在一定压力下，晶体有机化合物的固态和液态达到平衡状态时的温度为该化合物的熔点。一般地，当晶体有机化合物加热到一定温度时，从固态转变成液态，此时的温度即为有机化合物的熔点。纯净的固体有机化合物都有固定的熔点，即从初熔（刚开始出现液滴）到全熔（固体全部变为液体）的温度范围（称为熔程或熔距）很小，一般不超过 0.5～1℃。但是，当样品中混有杂质时，其熔点降低，且熔程显著增大。因此，测定熔点有两方面的实际意义，一是判断有机化合物的纯度，二是初步鉴定有机化合物。例如，判断两种具有相近或相同熔点的化合物是否为同一化合物，可将这两种化合物混合在一起测其熔点，如果熔点下降，熔程变长，那么这两种物质是不同的化合物。但需要指出的是，有少数化合物受热时易发生分解，因此即使其纯度很高，也没有确定的熔点，而且熔程较大。

目前，测定熔点的方法有毛细管熔点测定法和显微熔点测定法两种。毛细管熔点测定法的特点是仪器简单，试样用量少。而显微熔点测定法是用专门的仪器，试样用量更少，精确度高。本实验采用毛细管熔点测定法。

四、仪器与试剂

仪器：铁架台，铁夹，温度计(150℃)，酒精灯(或煤气灯)，毛细管，玻璃管(长约 50 cm、直径 8 mm)，提勒管(又称 b 形管)，称量瓶，橡胶圈，研钵。

试剂：尿素(分析纯)，苯甲酸(分析纯)，混合物(尿素与苯甲酸)，液状石蜡，工业酒精。

五、实验步骤

1. 安装仪器

在提勒管(图 2-11)中加入液状石蜡至支管上沿和直管相交处以上约 0.5 cm 处。用铁架台和铁夹固定提勒管靠近管口的位置，同时调整高度，使酒精灯外焰刚好能加热如图 2-11 所示位置。

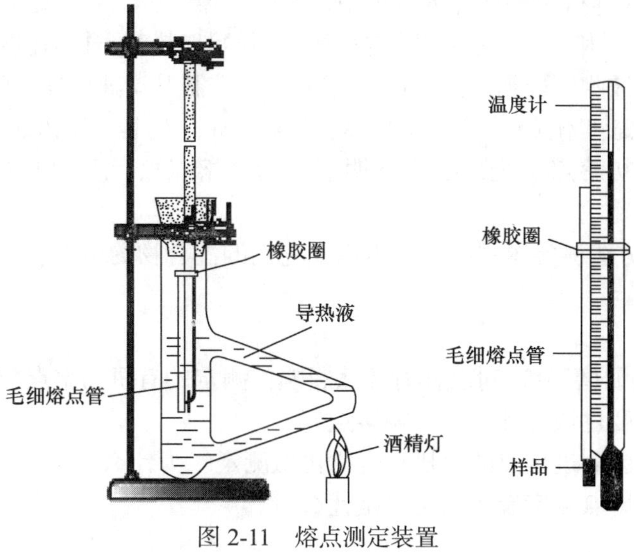

图 2-11　熔点测定装置

2. 熔封毛细管

将两端开口的毛细管一端置于酒精灯外焰侧方灼烧，并不断缓慢地匀速转动，使其熔化封闭(注意保证毛细管的洁净，手拿毛细管中段)。

3. 装样品

将待测熔点的样品研细并干燥，置于洁净的 EP 管[1]中。将毛细管的开口端插入粉末，此时即有少量样品挤入毛细管中，将毛细管的密封端朝下，并从玻璃管中(直立在干净玻璃片上)自由落下，使样品均匀密实地填在管底。重复上述操作数次，至毛细管内装入样品高约 3 mm，用纸巾拭去沾于管外的粉末。

4. 固定毛细管

将装有样品的毛细管，用橡胶圈小心地套在温度计上，固定于温度计刻度的正面，同时必须使全部样品处于温度计感温球的中部。然后将温度计和样品悬挂在装有液状石蜡的提勒管中，注意橡胶圈位于液状石蜡液面以上，温度计不要碰到提勒管内壁，且温度计感温球位于提勒管上、下两支管口的中间，如图 2-11 所示。

5. 测定熔点

按图 2-11 所示部位加热。先进行粗测，按每分钟 5～6℃的速度升高温度，得到近似的初熔点和全熔点。把油浴冷却至初熔点以下 30℃左右，再参考粗测熔点进行精测。在等待油浴冷却的过程中，重复步骤 2～4，再次熔封毛细管，并装样(用过的毛细管和样品不能再用)进行精测。开始加热时，升温速度可以稍快，5～6℃/min。当离被测试样初熔点 10～15℃时，要控制升温速度在 1℃/min，同时仔细观察样品状态变化(毛细管中的样品出现收缩、发毛、塌落、湿润，直至有小液体出现为初熔点，全部变为透明液体为全熔点)，记录初熔点和全熔点，并计算熔程。

按照上述方法测定苯甲酸、尿素以及它们的混合物的熔点。

六、思考题

1. 若样品研磨不细，对装样有什么影响？测定的有机物熔点数据是否可靠？
2. 升温速度过快为什么会影响熔点？
3. 可否用已测过熔点的有机化合物再做测定？为什么？
4. 提勒管熔点测定装置的优点是什么？

注释

[1] EP 管是一种小型的离心管。

（冯丽娟）

实验十八　乙醇的常压蒸馏及沸点的测定

一、预习内容

1. 蒸馏与沸点的定义。

2. 常压蒸馏装置及安装、拆卸顺序。

二、实验目的

1. 了解常压蒸馏及测定沸点的原理。
2. 掌握常压蒸馏及测定沸点的方法。

三、实验原理

沸点是有机化合物的物理常数之一。液体有机化合物受热时蒸气压升高，与外界大气压相等时开始沸腾，此时的温度称为该物质的沸点。这里的蒸气压是指平衡蒸气压或饱和蒸气压，即分子从液体中逸出的速度等于分子从气相回到液相的速度，气液平衡的状态。与纯净的固体有机化合物有固定且敏锐的熔点一样，纯净的液体有机化合物也有固定且敏锐的沸点(沸程 0.5～1℃)，有杂质时沸程长。通过测定沸点可以鉴别有机化合物，并判断其纯度。但必须指出的是，具有固定且敏锐沸点的液体不一定都是纯净物，因为有些化合物相互之间可形成二元或三元共沸物(又称恒沸物)。例如，95.6%的乙醇与 4.4%的水形成二元共沸物，沸点为 78.1℃。

液体有机化合物受热变成气体，再将气体冷却变成液体并收集在另一容器中的过程称为蒸馏。在与外界相通的情况下进行的蒸馏称为常压蒸馏。蒸馏是纯化和分离液态物质的一种常用方法。通常不同的物质(互为对映体的物质除外)具有不同的沸点，蒸馏操作就是利用不同物质的沸点差异对液态混合物进行分离和纯化，低沸点物质先被蒸出，而高沸点物质因不易挥发或挥发出的少量气体易被冷凝而滞留在蒸馏瓶中，从而使混合物得以分离。但是，只有当组分沸点相差在 30℃以上，且不形成共沸物时，蒸馏才有较好的分离效果。

通过蒸馏还可以测定液态物质的沸点。在整个蒸馏过程中，必须使温度计的感温球始终被冷凝的液体包裹，此时的温度即为液体与蒸气两相平衡时的温度，温度计的读数就是馏出液的沸点。

四、仪器与试剂

仪器：圆底烧瓶(150 mL)，蒸馏头，直形冷凝管，尾接管，锥形瓶(50 mL)，温度计(100℃)，量筒(100 mL，20 mL，10 mL)，温度计套管，电热套，橡胶管，酒精计。

试剂：70%乙醇，沸石。

五、实验步骤

(1)按照图 2-12 安装实验仪器[1]，原则是：“从下往上，从左往右”。整套装置安装要求准确端正、排列整齐、气密性好。特别要注意温度计的位置：感温球上沿与蒸馏头支管的下沿在同一水平线上。直形冷凝管中冷凝水由下口进，上口出。

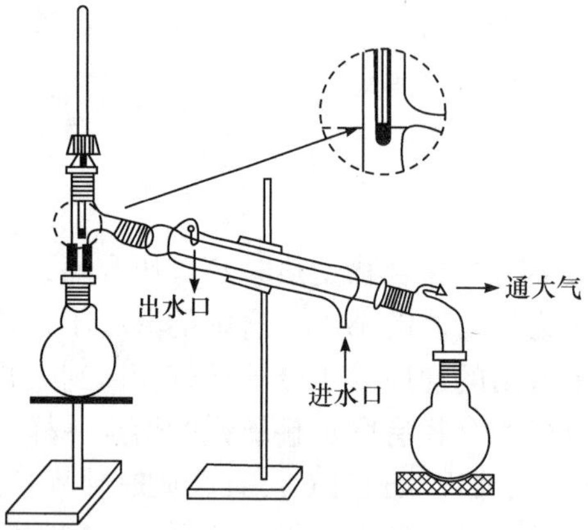

图 2-12　常压蒸馏装置图

(2)将 100 mL 待蒸馏的 70%乙醇加入圆底烧瓶中[2]，再取 1～2 粒沸石，使其沿瓶壁滑入瓶底。

(3)先通冷凝水，再开始加热。开始时，升温速度可以稍快，接近沸腾时瓶内有大量蒸气产生，温度计水银柱会急剧上升，此时应立即调小火力，使馏出液流出的速度为每秒 1～2 滴，并使温度计感温球上始终有液滴包裹。

(4)如果液体不纯，常有沸点较低的组分(前馏分)先馏出。待温度稳定时，此时的馏分较纯净。另换一个洁净、干燥的接收瓶收集此段馏分，记录此时的温度(沸点)。

(5)当温度升高 2℃时再换另一个接收瓶，如此重复，每隔 2℃换一个接收瓶，共收集 5 段馏分。记录每段馏分的温度、体积和浓度(用酒精计测定[3])。

(6)停止蒸馏，先停止加热，再关冷凝水(注意不能蒸干)。

(7)冷却后，按安装装置相反的顺序拆下仪器，剩余母液回收。

六、思考题

1. 蒸馏时加沸石的作用是什么？如果已经开始加热，发现没有加沸石怎么办？
2. 冷凝管通水方向是由下而上，反过来行吗？为什么？
3. 在蒸馏装置中，温度计感温球的位置不符合要求会带来什么结果？

注释

[1] 标准磨口玻璃仪器使用时注意：

① 磨口处必须洁净，若粘有固体杂物，会使磨口对接不严密而漏气。若有硬质杂物，更会损坏磨口。

② 用后应拆卸洗净。否则若长期放置，磨口的连接处常会粘牢，难以拆开。

③ 安装标准磨口玻璃仪器装置时，只需稍微旋转一个小角度，即可连接紧密而不漏气，同时要注意顺着仪器伸展的方向，使磨口连接处不受歪斜的应力，否则易将仪器折断。

[2] 仪器安装好后加样，按照与安装顺序相反的顺序拆卸仪器，但电热套和固定仪器的铁夹位置不动。取下圆底烧瓶后，在远离电热套的位置将 100 mL 70%乙醇倒入圆底烧瓶中(避免将 70%乙醇洒在电热套上)。也可以在安装仪器之前先

在圆底烧瓶中加入1～2粒沸石，待安装好仪器后，用长颈漏斗将100 mL 70%乙醇从蒸馏头上口加入圆底烧瓶中。

[3] 一份馏分的量一般较少，不能使酒精计浮起来，否则无法测出浓度，因此可以将几份相同段馏分合并到100 mL的大量筒中测定。

（冯丽娟）

实验十九　氨基酸和蛋白质的性质

一、预习内容

1. 氨基酸的分类及化学性质。
2. 蛋白质的结构及化学性质。

二、实验目的

1. 验证氨基酸和蛋白质的某些重要化学性质。
2. 掌握氨基酸和蛋白质的鉴别方法。

三、实验原理

氨基酸是含有羧基和氨基的一类两性化合物。不同蛋白质水解可得到不同氨基酸的混合物。一般α-氨基酸与水合茚三酮溶液共热，可生成罗曼氏紫（蓝紫色），反应非常灵敏，但脯氨酸与水合茚三酮呈黄色。含有伯氨基的氨基酸与亚硝酸反应生成α-羟基酸并放出氮气。

蛋白质最常见的显色反应有茚三酮反应和缩二脲反应，可用于蛋白质的定性和定量检测。此外，具有芳香环的氨基酸（如酪氨酸、色氨酸等）残基上的苯环经硝酸作用可生成黄色的硝基化合物，在碱性条件下生成物可转变为橘黄色的硝醌衍生物。

在蛋白质溶液中加入一定浓度的电解质析出沉淀的现象称为盐析。盐析出来的蛋白质可以再次溶于水，但并不影响蛋白质的性质，所以盐析是一个可逆过程。所有蛋白质在浓的中性盐溶液中都能沉淀出来，但不同蛋白质盐析所需的盐浓度常有所不同。例如，球蛋白在半饱和硫酸铵溶液中即可析出，而清蛋白需在饱和硫酸铵溶液中才能析出。

某些物理因素（加热、加压、剧烈搅拌或振荡、紫外线等）和化学因素（强酸、强碱、重金属盐、有机溶剂等）的作用下，蛋白质性质发生改变的现象称为蛋白质的变性。变性后的蛋白质溶解度降低，出现沉淀。

四、仪器与试剂

仪器：试管（10 mm × 100 mm，12 支），试管夹，酒精灯，玻璃棒，恒温水浴锅，三角漏斗，烧杯，滤纸，量筒（10 mL）。

试剂：0.5%茚三酮，5% NaOH，3% $CuSO_4$，浓 HNO_3，3%乙酸铅，3%硝酸汞，3%硝酸银，10%三氯乙酸，5%丙氨酸，硫酸铵（分析纯），10%盐酸，5%亚硝酸钠，生理盐水，无水乙醇，蛋白质溶液[1]。

五、实验步骤

1. 氨基酸的性质

1）与茚三酮反应

在试管中加入 5%丙氨酸溶液 1 mL，加入 0.5%茚三酮试剂 3 滴，沸水浴中加热 10 min，观察现象。

2）与亚硝酸的反应

在试管中加入 5%丙氨酸溶液 2 mL 和 10%盐酸 1 mL，再加入 5%亚硝酸钠溶液 3 mL，充分摇匀并观察现象。

2. 蛋白质性质

1）与茚三酮反应

在试管中加入蛋白质溶液 1 mL，加入 0.5%茚三酮试剂 3 滴，沸水浴中加热 10 min，观察现象。

2）蛋白质的缩二脲反应

在试管中加入蛋白质溶液 5 滴和 5% NaOH 溶液 5 滴，再滴加 3% $CuSO_4$ 溶液 2 滴，沸水浴中加热，观察现象。

3）蛋白黄色反应

在试管中加入蛋白质溶液 1 mL 和浓 HNO_3 1 mL，此时出现白色沉淀，然后把试管放在酒精灯上加热煮沸，观察现象。

4）蛋白质的盐析

取 2 支试管，分别加入蛋白质溶液 5 滴、生理盐水 2 mL，再分别加入硫酸铵粉末，至硫酸铵饱和不再溶解为止，此时溶液颜色均为乳白色，向其中一支试管中再加入 2 mL 去离子水，振荡，观察现象；然后取该试管中溶液按步骤 2）做缩二脲反应，检查蛋白质是否变质。

将另外一支试管中的乳状液过滤，取滤液按步骤 2）做缩二脲反应，检查滤液中有无蛋白质存在。

5）蛋白质与重金属盐作用

取 4 支试管，各加入蛋白质溶液 5 滴与生理盐水 2 mL，分别加入 3 滴 3%硝酸汞试剂、3%乙酸铅试剂、3%硝酸银试剂、3% $CuSO_4$ 试剂，观察现象。再向试管中分别加入 2 mL 去离子水，振荡，观察现象并解释原因。

6）蛋白质与有机酸作用

在试管中加入蛋白质溶液 5 滴、生理盐水 1 mL，于试管中再加入数滴 10%三氯乙酸溶液，观察现象。再向试管中加入 1 mL 去离子水，振荡，观察现象并解释原因。

7）加热沉淀蛋白质

在试管中加入蛋白质溶液 5 滴、生理盐水 2 mL，于沸水浴中加热 5 min，观察蛋白质的凝固现象。再向试管中加入 2 mL 去离子水，振荡，观察现象并解释原因。

8）有机溶剂沉淀蛋白质

在试管中加入蛋白质溶液 5 滴，加入数滴无水乙醇，观察现象。再向试管中加入 2 mL 去离子水，振荡，观察并解释现象？

六、思考题

1. 能否利用茚三酮显色反应鉴定蛋白质的存在？为什么？
2. 在蛋白质的缩二脲反应中，为什么要控制硫酸铜溶液的加入量？
3. 蛋白质的盐析和蛋白质的变性有何差别？

注释

[1] 蛋白质溶液的配制方法：取鸡蛋清用生理盐水稀释 10 倍，如有不溶物，通过 2～3 层纱布滤去不溶物即得蛋白质溶液。

（向灿辉）

实验二十　脂类化合物的性质及冷制法制备手工皂

一、预习内容

脂类化合物的分类及理化性质。

二、实验目的

1. 掌握油脂的理化性质。

2. 掌握皂化反应的原理。
3. 掌握冷制法制备手工皂的操作方法。

三、实验原理

脂类也称脂质，是广泛存在于生物体内的一类重要化合物，主要有油脂、磷脂和甾族化合物等，是生物维持正常生命不可缺少的物质之一。

其中油脂是油和脂肪的总称，它是高级脂肪酸的甘油酯。如果组成油脂的三分子脂肪酸是相同的，称为单甘油酯，如果不相同，称为混甘油酯。天然油脂多为混甘油酯。此外，脂肪酸有饱和与不饱和之分，通常脂肪酸的饱和度越高，油脂的熔点越高。不饱和脂肪酸可与卤素发生加成反应。100 g 油脂吸收的碘的质量(单位 g)称为碘值，利用碘值可以判断油脂的不饱和程度。

油脂在碱的作用下水解，得到甘油和高级脂肪酸盐，这些盐即为俗称的肥皂，因而油脂在碱性溶液中的水解称为皂化反应。1 g 油脂完全皂化所需 KOH 的质量(单位 mg)称为皂化值。皂化值常用于表示油脂平均相对分子质量的大小，皂化值越大，油脂的平均相对分子质量越小；反之，油脂的平均相对分子质量越大。类似地，还常用皂化价来表示油脂发生皂化反应所需要碱的用量：1 g 油脂完全皂化所需 NaOH 的质量(单位 g)，称为皂化价。

肥皂可由油脂通过皂化反应制得，市售肥皂多采取“热制法”来制备——以高温、长时间加热的方式使脂类快速、完全皂化，再经过过滤、压模成型、脱模、放置 2 周使水分蒸发即可使用。热制法具有生产周期短、成本低的优点，但也存在条件剧烈、操作烦琐、成型性能差、肥皂甘油含量低、油脂中的天然营养成分损耗大的问题。冷制法正好可以克服这些缺点：使用较低温度(不超过 60℃)使油脂缓慢地进行皂化反应至黏稠阶段，即将皂化液置于模具中，脱膜后再经过数月的熟成过程使油脂皂化完全、碱值下降、水分挥发才能使用。

磷脂是一类含磷的脂类化合物，由甘油与 2 分子脂肪酸及 1 分子磷酸单酯通过酯化构成，它广泛存在于动植物组织中，最常见的有卵磷脂和脑磷脂。两者都可以溶于乙醚、氯仿，不溶于丙酮，但卵磷脂易溶于乙醇，脑磷脂在冷乙醇中溶解度比较小，可以用冷乙醇将卵磷脂和脑磷脂分离。

四、仪器与试剂

仪器：试管(10 mm × 100 mm，5 支)，恒温水浴锅，电加热板，烧杯(250 mL，100 mL，50 mL)，手工皂模具，台秤，量筒(10 mL)，玻璃棒，胶头滴管。

试剂：猪油，花生油，95%乙醇，50%乙醇，0.4 g · mL^{-1} NaOH，香精，色素，20%盐酸，10% $CuSO_4$，1%高锰酸钾溶液，蛋黄，钼酸铵试剂[1]。

五、实验步骤

1. 冷制法制备手工皂

在 250 mL 烧杯中依次加入总量约为 20 g 的猪油或花生油、10 mL 95%乙醇、7～10 mL 0.4 g · mL^{-1} NaOH 溶液(具体用量可根据油的质量及皂化价计算)，用玻璃棒搅拌，使油脂溶解。把上述烧杯放入 40℃水浴中加热，并不断用玻璃棒搅拌。数分钟后溶液变黏稠状，表示初步皂化完成；否则补充 0.4 g · mL^{-1} NaOH(记录用量)继续皂化，期间补充适量 50%乙醇。向上述黏稠液加入 1 滴香精、1 滴色素，搅拌均匀，再趁热快速倒入模具里，冷凝成型，干燥大约 1 h 后即可脱模，模具洗干净后回收。

2. 油脂的性质

(1) 皂化。在 50 mL 烧杯中分别加入 3 g 猪油、5 mL 95%乙醇、3 mL 0.4 g · mL^{-1} NaOH 溶液，在 150℃电加热板上搅拌加热煮沸 10 min，皂化即大致完成，得到皂化液。

(2) 检查皂化程度。取出 5 滴皂化液，注入干净的试管内，加入 5 mL 去离子水，将试管放在 40℃水浴中加热并不时振荡试管，如果试样完全溶解，没有油滴浮出，表明皂化完全。

(3) 脂肪酸的检查。在上述试管中，继续滴加 5 滴 20%盐酸，振荡并观察现象。

(4) 甘油的检查。在试管中加入 10 滴 10% $CuSO_4$ 和 1 滴 0.4 g · mL^{-1} NaOH 溶液，生成 $Cu(OH)_2$ 沉淀，然后加入 5 滴上述皂化液，振荡并观察现象。

(5) 不饱和性。将 5 滴花生油滴入试管中，滴加 1 滴 1%高锰酸钾溶液，振荡并观察现象。

3. 卵磷脂的性质

(1) 卵磷脂的提取。

称取约 10 g 蛋黄置于 50 mL 烧杯中，加入 20 mL 温热的 95%乙醇，边加边搅拌均匀，冷却后的溶液取上层清液，即为卵磷脂溶液。

(2) 卵磷脂的性质。

水解：取 50 mL 烧杯，加入 10 mL 上述卵磷脂溶液以及 1 mL 0.4 g · mL^{-1} NaOH 溶液，放入 60℃水浴中加热 15 min，得到皂化液供下面检验。

不饱和性：取 10 滴皂化液于洁净试管中，再加入 1 滴 5%高锰酸钾溶液，振荡并观察现象。

磷酸的检测：取 10 滴皂化液于洁净试管中，再加入 5 滴钼酸铵试剂，观察现象。

甘油的检测：在试管中加入 10 滴 10% $CuSO_4$ 和 1 滴 0.4 g · mL^{-1} NaOH 溶液，生成 $Cu(OH)_2$ 沉淀，然后滴加 10 滴皂化液，振摇并观察现象。

六、思考题

1. 皂化反应中加入乙醇有什么作用?
2. 写出本实验涉及的反应方程式。

注释

[1] 钼酸铵试剂配制方法：将 6 g 钼酸铵溶于 15 mL 蒸馏水中，加入 5 mL 浓氨水，另取 24 mL 浓硝酸溶于 46 mL 水中，两者混合静置一天后使用。

（向灿辉、姚秋丽）

实验二十一　乙酰水杨酸的制备

一、预习内容

1. 重结晶操作的原理及注意事项。
2. 溶液和结晶(沉淀)的分离——固液分离。
3. 酰化反应的本质。

二、实验目的

1. 熟悉乙酰水杨酸(阿司匹林)的制备原理和方法。
2. 掌握重结晶、减压过滤、洗涤、干燥、熔点测定等基本实验操作。
3. 了解乙酰水杨酸的应用。

三、实验原理

乙酰水杨酸是一种常用的解热镇痛药，也具有治疗感冒和预防心血管疾病等多种疗效。从药物学角度来看，它是水杨酸的前体药物。早在 18 世纪，人们从柳树皮中提取出一种具有止痛、退热抗炎的化合物——水杨酸，但由于水杨酸严重刺激口腔、食道及胃壁黏膜，为克服这一缺点，在水杨酸中引进乙酰基，获得了副作用小而疗效不减的乙酰水杨酸，因此乙酰水杨酸通常使用水杨酸为原料进行制备。

水杨酸是一个既具有酚羟基又具有羧基的双官能团化合物，它的羧基和羟基都可以发生酯化，而且还可以形成分子内氢键，阻碍了酰化和酯化反应的发生。为使水杨酸分子中酚羟基上的氢原子被乙酰基取代和加速反应的进行，生成乙酰水杨酸，通常加入少量浓硫酸(或浓磷酸)作催化剂，浓硫酸(或浓磷酸)的作用是破坏水杨酸分子中羧基与酚羟基间形成的氢键，从而使酰化作用较易完成。

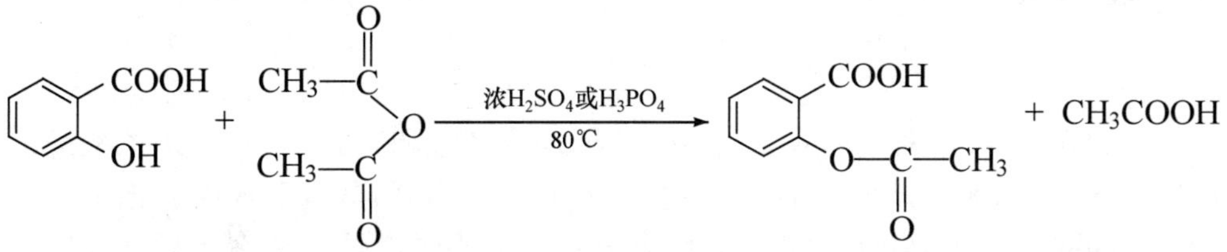

在酸的存在下，水杨酸分子之间也可以发生缩合副反应，生成少量的聚合物。

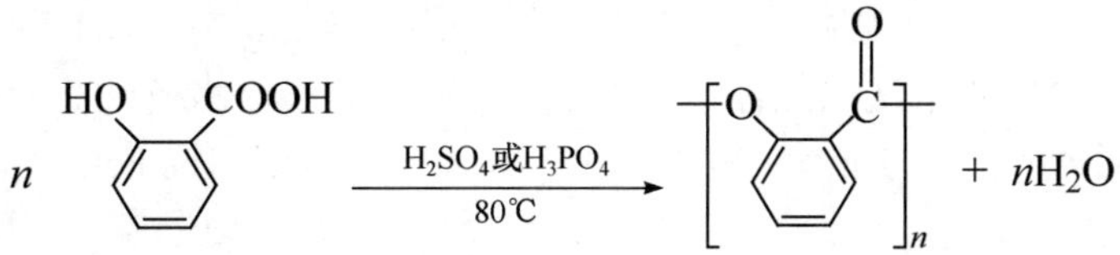

乙酰水杨酸能与碳酸钠反应生成水溶性盐，而该聚合物(副产物)不溶于碳酸钠溶液，可利用此性质将聚合物与乙酰水杨酸分离。

此外，由于乙酰化反应不完全或由于在分离步骤中发生水解而生成水杨酸，在粗产品中还有杂质水杨酸，可以利用水杨酸和乙酰水杨酸在不同温度的水中的溶解度不同，通过纯化和重结晶过程除去。反应原料和产品的物理性质见表 2-27。

表 2-27 反应原料和产品的物理性质

药品名称	熔点/℃	沸点/℃	水溶解度/(g · 100 mL^{-1})
水杨酸	159	211/2.66 kPa	微溶于冷水，易溶于热水
乙酸酐	−73	139	在水中逐渐分解
乙酰水杨酸	135～138	—	微溶于水

与大多数酚类化合物一样，水杨酸可与三氯化铁形成深色配合物，而乙酰水杨酸因酚羟基已被酰化，不与三氯化铁显色，因此产品中残余的水杨酸很容易被检验出来。

四、仪器与试剂

仪器：锥形瓶(250 mL)，烧杯(150 mL，50 mL)，量筒(10 mL，25 mL)，温度计(150℃)，水浴锅，酒精灯，布氏漏斗，抽滤瓶，滤纸，台秤，药匙，电动吸引器。

试剂：水杨酸，乙酸酐(分析纯)，85%磷酸(分析纯)，95%乙醇，冰块，0.1%

$FeCl_3$溶液，浓盐酸，饱和碳酸钠溶液。

五、实验步骤

1. 酰化反应

于 250 mL 锥形瓶中加入 2.1 g（0.015 mol）水杨酸和 4 mL（0.03 mol）乙酸酐，再加入 6～7 滴 85%磷酸，小心摇匀使水杨酸溶解[1]。将其置于 80℃水浴上加热 10～15 min（温度不宜过高，否则副反应增多），并不时加以振摇（使乙酰化反应尽可能完全）。取出锥形瓶，稍冷后，倒入 50 mL 小烧杯中，用少量冰水分三次洗涤锥形瓶，洗涤液也倒入烧杯中，再在冰水浴中冷却 5 min 左右（加速晶体析出）[2]，减压过滤，用少量冰水洗涤晶体[3]，抽干，得粗产品乙酰水杨酸 2.3～2.5 g[4]。

取少量粗产品溶于 2 mL 95%乙醇中，加入 1～3 滴 0.1% $FeCl_3$溶液，观察现象并说明原因。

2. 重结晶

将步骤 1 中所得粗产品全部转移到 150 mL 烧杯中，在搅拌下慢慢加入 25 mL 饱和碳酸钠溶液，加完后继续搅拌几分钟，直到无二氧化碳气体产生为止。抽滤，用 5～10 mL 水冲洗滤饼，合并滤液，倒入预先盛有 4～5 mL 浓盐酸和 10 mL 水配成溶液的烧杯中，搅拌均匀，即有乙酰水杨酸沉淀析出。用冰水冷却，使沉淀完全。减压过滤，用冷水洗涤 2 次，抽干水分。将晶体置于表面皿上，蒸气浴干燥，得乙酰水杨酸产品约 1.5 g[5,6]（熔点 133～135℃）。

取几粒结晶加入盛有 5 mL 水的试管中，加入 1～3 滴 0.1% $FeCl_3$溶液，观察现象并说明原因。

3. 产率的计算（以水杨酸为标准）

计算乙酰水杨酸的产率：

$$产率 = (实际产量/理论产量) \times 100\%$$

六、思考题

1. 在制备过程中应注意哪些问题才能保证有较高的产率？
2. 重结晶的目的是什么？
3. 前后两次用 0.1% $FeCl_3$溶液检查，其结果说明什么？

注释

[1] 要按照顺序加样。否则，如果先加水杨酸和浓硫酸，水杨酸就会被氧化。

[2] 本实验的几次结晶都比较困难，要有耐心。在冰水冷却下，用玻璃棒充

分摩擦器皿壁，才能结晶出来。

[3] 由于产品微溶于水，所以水洗时，要用少量冷水洗涤，用水不能太多。

[4] 第一次的粗产品不用干燥，即可进行下一步纯化，第二步的产品可用蒸气浴干燥。

[5] 在最后重结晶操作中，可用微型玻璃漏斗过滤，以避免用大漏斗黏附的损失。

[6] 最后的重结晶处可用乙醇溶解，并加水析晶。方法是：将晶体放入磨口锥形瓶中，加入 10 mL 95%乙醇及 1～2 颗沸石，接上球形冷凝管，在水浴中加热溶解后移去火源，取下锥形瓶，滴入冷去离子水至沉淀析出，再加入 2 mL 冷去离子水，析出完全后，抽滤，以少量冷去离子水洗涤晶体两次，抽干，取出晶体，用滤纸压干，再进行蒸气浴干燥，称量。

（袁泽利）

实验二十二　茶叶中咖啡因的提取及鉴定

一、预习内容

1. 生物碱的定义。
2. 生物碱的提取、分离方法。
3. 萃取、升华、回流等基本操作。

二、实验目的

1. 了解咖啡因的性质。
2. 熟悉从天然产物中提取生物碱的一般原理和方法。
3. 掌握用溶剂萃取法提取有机化合物的基本操作技术。

三、实验原理

生物碱常以盐(能溶于水、醇)或以游离碱(能溶于有机溶剂)的状态存在于天然产物中。因此，可以根据生物碱与其他杂质在水、醇或其他适宜的有机溶剂的不同溶解度或不同化学性质而加以分离。

茶叶中的生物碱为多种黄嘌呤的衍生物，其中主要成分为咖啡因(又名咖啡碱)，其含量为 1%～5%，且随茶叶种类和产地不同其含量略有不同，并含有少量的茶碱、可可豆碱等，以及 11%～12%鞣酸(又称单宁酸)。此外，还有约 0.6%的色素、纤维素和蛋白质等。咖啡因因呈弱碱性，易溶于氯仿、水和乙醇等溶剂中，因而利用其溶解性可顺利将其从茶叶中提取出来。而含量较高的鞣酸易溶于水和乙醇，能与乙酸铅生成沉淀而除去。

咖啡因的化学名称是1,3,7-三甲基-2,6-二氧嘌呤，结构式为

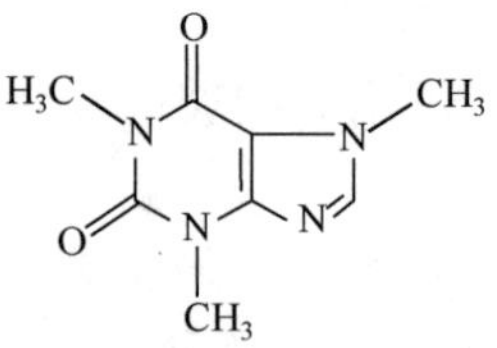

含结晶水的咖啡因是无嗅、味苦的白色结晶，能溶于冷水和乙醇，易溶于热水、氯仿等。咖啡因在100℃时即失去结晶水，并开始升华，120℃时升华相当显著，至178℃时升华很快。无水咖啡因的熔点为234.5℃，因此可用升华的方法提纯咖啡因粗品。

咖啡因具有刺激心脏、大脑神经和利尿等作用，因此可作为有关药物的配方。咖啡因可由人工合成法或提取法获得。

本实验采用萃取法和升华法从茶叶中提取分离咖啡因。咖啡因用紫脲酸铵反应及碘化铋钾试剂进行鉴别。

四、仪器与试剂

仪器：台秤，烧杯(250 mL，50 mL × 2)，蒸发皿(50 cm)，分液漏斗(250 mL)，布氏漏斗，抽滤瓶，瓷匙，玻璃漏斗，棉花，小匙，木夹，球形冷凝管(200 mm)，圆底烧瓶(250 mL)，长颈漏斗，电热套，酒精灯，试管(10 mL)。

试剂：茶叶，10% $Pb(Ac)_2$，氯仿，饱和食盐水，浓盐酸(分析纯)，氯酸钾(分析纯)，浓氨水，5% H_2SO_4，碘化铋钾试剂[1]，生石灰。

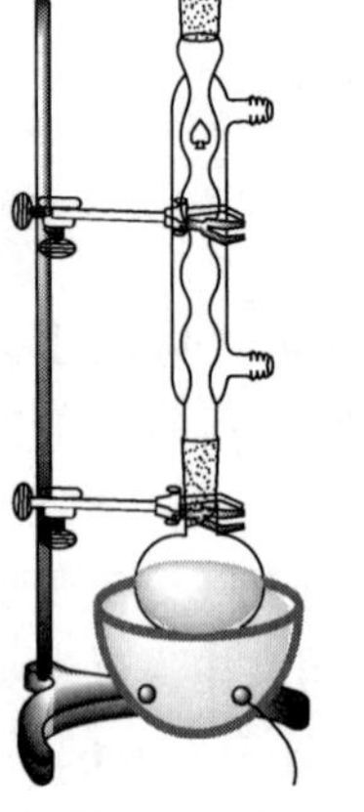

图2-13 回流装置

五、实验步骤

1. 萃取法

称取20 g干茶叶，装入250 mL圆底烧瓶中，加入150 mL水，按图2-13将装置装好，用电热套加热回流30 min，稍冷后，在玻璃漏斗中用棉花过滤除去茶渣，在搅拌下向热的滤液中逐滴加入约10 mL 10% $Pb(Ac)_2$溶液，至不再产生沉淀为止[2]。

将上述混悬液加热5 min后，减压过滤，滤液转到蒸发皿中，直火加热蒸去1/2的水分[3]，放冷，如此时有沉淀析出，可用减压过滤除去。

将上述浓缩液转入分液漏斗，加入 15 mL 氯仿和 10 mL 饱和食盐水，振摇（注意：由于氯仿易挥发，在振摇过程中应常将活塞打开使氯仿蒸气逸出），静置片刻，待液体分层后，将下层氯仿溶液分出到小烧杯中，置于水浴上蒸去氯仿，即得咖啡因。

2. 升华法

(1)粗提。在 250 mL 烧杯中，加入茶叶 20 g 和热水 60 mL，煮沸 15 min(保持水的体积)，稍冷后，在玻璃漏斗中用棉花过滤除去茶渣。

(2)浓缩。将茶汁置于蒸发皿中，用酒精灯直火蒸发浓缩[3]至约 6 mL。拌入 5～6 g 生石灰粉[4]，搅拌均匀，可用酒精灯或电热套稍加热(100～120 V)，翻炒直到固体成粉末状。冷却后，擦去沾在边上的粉末，以免升华时污染产品。

(3)纯化。将一张有许多小孔的圆形滤纸盖在蒸发皿上，注意滤纸毛面朝下，取一支大小合适的长颈漏斗罩于其上，漏斗颈部疏松地塞一团棉花，见常压升华装置图 1-19。用酒精灯(需要用石棉网)或电热套小心加热蒸发皿，使咖啡因升华[5]，咖啡因蒸气在滤纸上凝结为固体，附着于滤纸上。当漏斗内出现白色烟雾时(大约 20 min)停止加热，冷却后，揭开漏斗和滤纸，仔细用小匙把附着于滤纸及漏斗壁上的咖啡因刮到洁净光滑的纸片上。

3. 咖啡因的鉴定

(1)紫脲酸铵反应。在瓷匙内放入数粒咖啡因结晶，加入绿豆大小的氯酸钾晶体和 2～3 滴浓盐酸。在酒精灯上使液体蒸干，放冷，加入浓氨水 1 滴，有紫色出现，则证明有咖啡因存在。

(2)碘化铋钾试剂反应。取剩余的咖啡因结晶于小试管中，滴加 5% H_2SO_4 溶液使其溶解，再加入碘化铋钾溶液 4 滴，有橘黄色沉淀生成，说明有咖啡因存在。

六、思考题

1. 用萃取法制得较纯的产品，你认为在实验过程中应该注意哪些操作？
2. 液液萃取操作过程中应注意哪些问题？
3. 具备何种性质的化合物可以通过升华加以纯化？

注释

[1] 碘化铋钾试剂配制方法：取碘化铋钾试剂 2 g，加 20 mL 冰醋酸，溶解后加 50mL 水稀释即可。

[2] 加入乙酸铅应过量并搅拌均匀，其作用在于除去酸性杂质(如鞣酸)。

[3] 浓缩过程中要控制好温度。若温度太低，溶剂(水)的蒸发速度较慢，若温度太高，会使产物发黄(分解)，注意不要浓缩至干，不利于下一步咖啡因的萃取。

[4] 生石灰起吸水和中和作用，以除去鞣酸等部分杂质。

[5] 升华操作是实验成败的关键。升华整个过程中都必须严格控制温度，温度太高会使被烘物冒烟炭化，导致产品不纯和损失。

（袁泽利）

实验二十三　有机化合物分子结构模型的构建

一、预习内容

1. 简单烷烃、烯烃、炔烃、醇、硫醇、醚、醛、酮、羧酸、胺的结构式及其中碳的杂化方式。

2. 分别对比烷烃和烯烃、醇和硫醇、醇和醚、醛和酮的结构差异。

3. 立体异构中的构象异构、顺反异构和对映异构的基本概念及其表示方法。

4. 构象异构的优势构象；顺反异构的顺/反和 *Z/E* 命名方法；对映异构的 D/L 和 *R/S* 命名方法。

二、实验目的

1. 通过构建分子结构模型，加深对有机化合物分子的空间结构和立体异构的理解。

2. 理解碳的杂化方式对有机化合物分子的立体结构的影响。

三、实验原理

分子是两个或两个以上原子通过化学键连接而成的，不同分子由于结构不同而表现出不同的性质。分子内相邻原子之间由一对共用电子对连接的化学键称为单键，由两对共用电子对连接的化学键称为双键，由三对共用电子对连接的化学键称为三键。由单键旋转而引起分子中原子或原子团在空间产生不同排列方式的异构现象称为构象异构；双键碳或脂环碳原子由于连接方式使分子结构具有刚性，此类结构上的原子或原子团可以产生顺反异构。

为了能够直观地理解分子是由多个原子通过化学键连接而成的，采用分子模型器具，根据分子结构式构建化合物分子的立体结构。分子模型器具主要由不同颜色的球和不同颜色的塑料棒构成(详见实验用品)，不同颜色球代表不同的原子或原子团，不同颜色的塑料棒代表不同的化学键。利用所构建的分子立体结构的球棍模型，操作单键的旋转并仔细观察分子立体构象变化，不同的构象异构体可以相互转变，自然界常态下优势构象结构最稳定，能量最低，数量比率也最多。

有机化合物按官能团分类，每一类结构最简单的化合物分别为甲烷、乙烯、乙炔、甲醇、甲硫醇、甲醚、甲醛、丙酮、甲酸、甲胺、甲酰胺，其结构简式和球棍模型如图 2-14 所示。

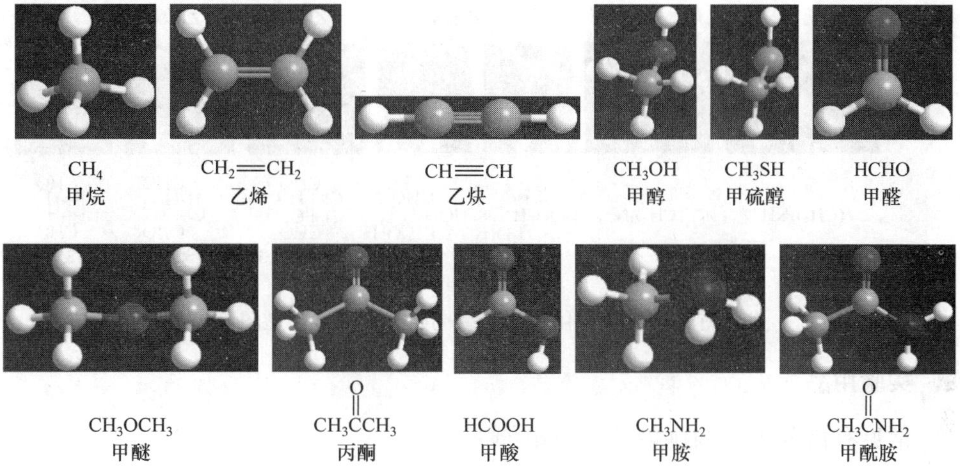

图 2-14　各种简单化合物的结构简式和球棍模型图

此外，乙烷、丙烷、正丁烷、苯、甲苯、环己烷、1-甲基环己烷、丙烯、顺-2-丁烯、反-2-丁烯、顺-1,2-二氯乙烯、反-1,2-二氯乙烯、乙醇、乙硫醇、乙醛、乙酸、氨、二甲胺、三甲胺、D-甘油醛、L-甘油醛、(2*R*,3*R*)-2,3-二氯丁二醛、(2*S*,3*S*)-2,3-二氯丁二醛、(2*R*,3*S*)-2,3-二氯丁二醛的结构简式和球棍模型如图 2-15 所示。

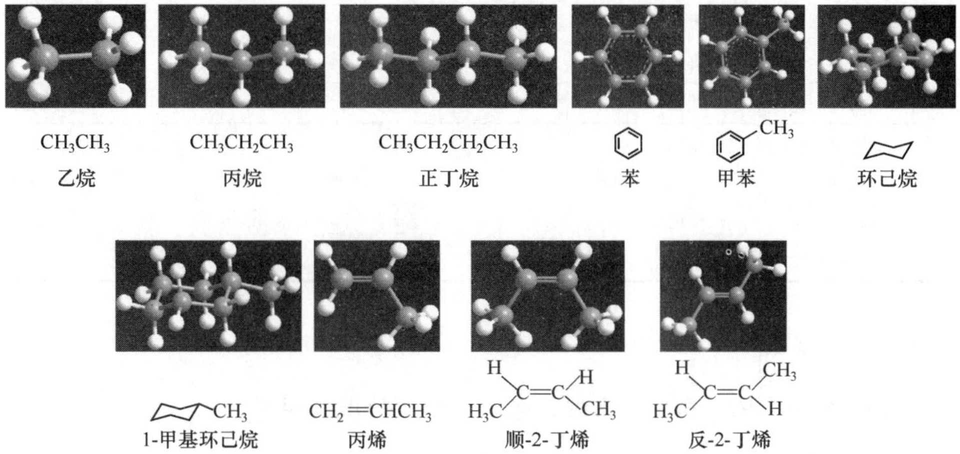

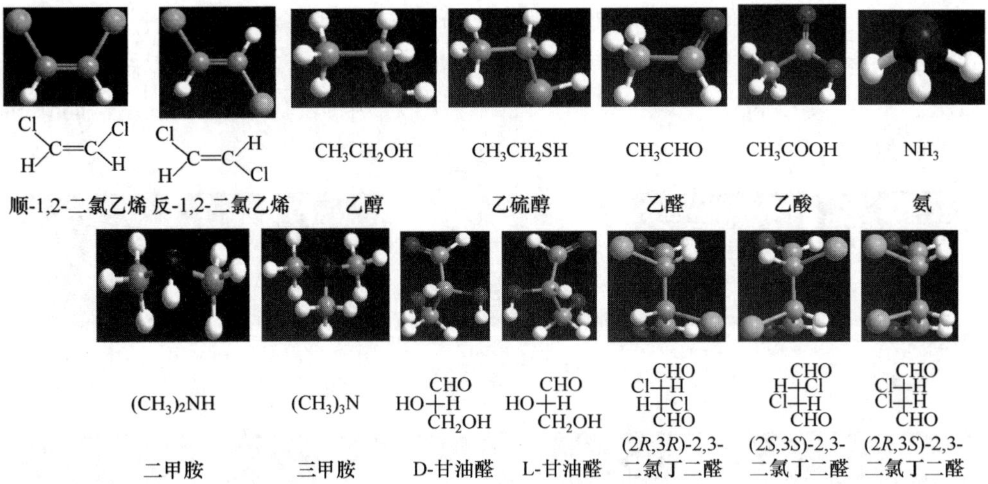

图 2-15　各种化合物的结构简式和球棍模型图

四、实验用品

常见有机分子结构拼装模型清单如下：

名称	颜色	直径/mm	孔数	键角	数量
氢	白色	17	1		20
氯	绿色	17	1		6
碳	黑色	23	4	109° 28′	23
碳	黑色	23	3	120°	6
氧	红色	23	2	105°	7
氮	天蓝	23	3	107°	2
硫	黄色	23	2	105°	1
名称	颜色	长度/mm	用途		数量
中键	灰色	27	碳氢键		26
长键	灰色	43	碳碳键		10
比例键	白色				26
开键器					1

五、实验步骤

1. 构建甲烷、乙烷、丙烷、正丁烷分子的结构模型

(1)用透视式和纽曼(Newman)投影式分别表示乙烷和正丁烷分子的典型构象。

(2)分别比较两种化合物分子的各种典型构象的能量高低，指出其优势构象。

2. 构建乙烯、丙烯、2-丁烯和1,2-二氯乙烯分子的结构模型

(1)指出具有顺反异构现象的分子，并构建出相应的顺反异构体的结构模型。
(2)观察顺式和反式结构的差异，用 *Z/E* 命名法命名，分析产生顺反异构的原因。

3. 构建苯、甲苯分子的结构模型

观察苯环分子的平面构型，并思考原因。

4. 构建环己烷、1-甲基环己烷的优势构象模型

(1)用环己烷的模型通过键的旋转观察环己烷的不同构象,并重点观察两种典型构象。
(2)将1-甲基环己烷的优势构象中处于e键的甲基通过翻环作用转变到a键，通过模型加深理解体积大的原子或基团处于e键更稳定的原因。

5. 构建甲醇和乙醇、甲硫醇和乙硫醇分子的结构模型

旋转C—O键和C—S键，观察优势构象。

6. 构建甲醛、乙醛、丙酮分子的结构模型

(1)观察甲醛分子的平面构型，并思考原因。
(2)观察乙醛分子的立体结构,并指出哪些原子在同一个平面上,并思考原因。
(3)观察丙酮分子的立体结构,并指出哪些原子在同一个平面上,并思考原因。

7. 构建甲酸和乙酸分子的结构模型

(1)观察甲酸分子的平面构型，并思考原因。
(2)观察乙酸分子的立体结构，与甲酸分子做对比。

8. 构建氨、甲胺、二甲胺、三甲胺分子的结构模型

(1)观察氨分子的三角锥形结构。
(2)对比甲胺、二甲胺、三甲胺分子结构与氨的结构差异。

9. 构建D-甘油醛和L-甘油醛分子的结构模型

(1)观察并对比两个模型，指出两者的关系，并用 *R/S* 命名方法标记构型。
(2)将这两个分子结构模型用费歇尔(Fischer)投影式表示出来,并思考这两个

模型的费歇尔投影式是否均只有 1 个。

10. 构建(2*R*,3*R*)-2,3-二氯丁二醛、(2*S*,3*S*)-2,3-二氯丁二醛、(2*R*,3*S*)-2,3-二氯丁二醛的结构模型

(1)观察模型，指出每个模型中手性碳的个数。

(2)观察模型，指出具有手性的分子模型，思考是否互为对映体。

(3)观察模型，指出不具有手性的分子模型，并思考原因。

六、思考题

1. 碳有几种杂化方式？分别可用几孔黑色小球表示？碳碳单键和碳碳双键哪个长？碳碳双键用模型中的长键代替还是中键代替合适？碳碳双键能自由旋转吗？

2. 观察乙烯、丙烯、2-丁烯、1,2-二氯乙烯的模型，每种模型中至少有多少个原子共平面？

3. 环己烷、1-甲基环己烷中环上的单键能无限制地自由旋转吗？请用模型验证。

4. 乳酸$CH_3\underset{\underset{OH}{|}}{CH}COOH$的构型有几种？请构建出球棍模型，并用系统命名法命名。

5. 化合物 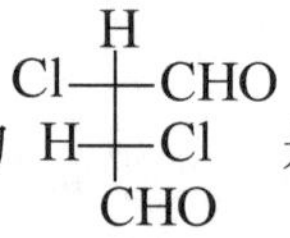 是手性分子吗？请写出此化合物的碳链在竖键上的费歇尔投影式，构建出球棍模型，并用系统命名法命名。

（冯丽娟）

第三章　设计性实验

实验二十四　溶液的配制

一、实验目的

1. 查阅有关资料，自行设计实验方案。
2. 了解常用容量仪器的使用方法及其规范化的操作。
3. 掌握医药学上常见溶液浓度的计算方法和配制方法。

二、基本实验原理

1. *溶液的配制*

溶液是混合物，是溶质以分子、原子或离子状态分散在溶剂中所形成的均匀而稳定的体系。配制溶液时，首先应根据所配溶液的实际需要计算出溶质和溶剂的用量，然后按照配制方法的要求确定合适的仪器。如果对溶液浓度的准确度要求不高，可采用托盘天平、量筒等仪器进行配制，如果要求溶液的浓度比较准确，则应采用分析天平、移液管、容量瓶等仪器。

1）配制溶液的一般操作

（1）称量或量取：用托盘天平或分析天平称取固体试剂，用量筒或移液管量取液体试剂。

（2）溶解：将固体试剂用适量去离子水溶解，若所取试剂为液体，则直接稀释。

（3）定量转移：将溶液从烧杯向量筒或容量瓶中转移后，应用少量去离子水洗涤烧杯 2～3 次，并将洗涤液全部转移到量筒或容量瓶中，再定容到刻度。

（4）储存：配制完备，在试剂瓶上贴上标签，注明试剂名称、配制日期、溶液的准确浓度等。

2）配制溶液的注意事项

（1）在计算固体物质用量时，如果含结晶水，则应将其计算在内。

（2）稀释浓溶液时，计算的原则是稀释前后溶质的量不变。

（3）配制溶液过程中，一定要注意转移溶液过程中物质的损失对溶液浓度误差的影响，以确保配制溶液的准确度。

2. 溶液的浓度

溶液的浓度是指在一定量溶液或溶剂中所含溶质的量。溶液的性质与溶液的相对组成有关，医药学上溶液浓度常用的表示方法有以下几种：物质的量浓度 c_B(mol · L^{-1})、质量浓度ρ_B(g · L^{-1})、质量分数 w_B 和体积分数φ_B。

3. 标准溶液

已知准确浓度的试剂溶液。

三、备选的实验仪器与试剂

仪器：量筒(10 mL，100 mL)，移液管(10 mL)，容量瓶(100 mL × 2)，烧杯(50 mL，150 mL)，玻璃棒，滴管，洗瓶，分析天平，托盘天平。

试剂：无水乙醇，固体 NaCl，$H_2C_2O_4 \cdot 2H_2O$(基准试剂)，去离子水。

四、实验设计方案

1. 配制浓度为 0.1000 mol · L^{-1} 的草酸标准溶液 100 mL。
2. 配制浓度为 0.01000 mol · L^{-1} 的草酸标准溶液 100 mL。
3. 配制生理盐水 100 mL。
4. 配制 75%乙醇(医用酒精) 20 mL。

五、实验要求

1. 设计四种溶液配制的实验方案。
2. 根据设计的具体实验内容，在上述设计实验的大框架要求下，明确所用的仪器与试剂，写出详细的实验步骤。
3. 强调如何根据实验设计方案(一)所得溶液，进行方案(二)溶液的配制，自行设计配制步骤。
4. 讨论、完善实验设计方案，并完成实验。
5. 完成实验报告，如实验目的、实验原理、实验步骤、实验结果、实验讨论、思考题等。

六、数据记录与处理(表 3-1)

表 3-1　医学上常见溶液的配制

项目	记录数据
1. 配制 0.1 mol · L^{-1} 草酸($H_2C_2O_4$)溶液 100 mL	$m(H_2C_2O_4 \cdot 2H_2O)$ =__________(g)
2. 配制 0.01 mol · L^{-1} 草酸($H_2C_2O_4$)溶液 100 mL	$V(H_2C_2O_4)$ =__________(mL)
3. 配制生理盐水 100 mL	m(NaCl) =__________(g)
4. 配制 75%乙醇(医用酒精) 20 mL	$V(C_2H_5OH)$ =__________(mL)

七、思考题

1. 怎样配制溶质为液体的准确浓度的溶液？

2. 配制溶液时，若用托盘天平称取固体物质，而用容量瓶定容，此操作是否正确？为什么？

（吴　庆）

实验二十五　小苏打片中 $NaHCO_3$ 含量的测定

一、实验目的

1. 查阅文献资料，灵活运用所学知识和技能设计实验方案并完成实验。

2. 巩固滴定分析方法定量测定物质含量的实验方法和实验技能。

二、基本实验原理

小苏打片（碳酸氢钠片）是一种抗酸类非处方药品，口服后可迅速中和胃酸，解除胃酸过多或胃灼烧症状，主要成分为碳酸氢钠（$NaHCO_3$）。小苏打片一般有 0.3 g 每片和 0.5 g 每片两种规格，其中 $NaHCO_3$ 应为标示量的 95.0%～105.0%，辅料主要是淀粉等中性物质。

2010 版《药典》和 2015 版《药典》均收录了此药。在检查碳酸盐时，一般是将小苏打片研细溶于水配成 1.0 g · 100 mL^{-1} 溶液，加入酚酞指示剂观察是否显红色，若是，加入 1.3 mL 0.5 mol · L^{-1} 盐酸，应为无色，否则为不合格。其 $NaHCO_3$ 含量测定主要依据酸碱滴定分析。

滴定分析是用标准溶液滴定试样溶液，直到滴定反应定量完成为止。然后根据所加标准溶液的浓度和体积计算被测组分含量，酸碱滴定法是以质子转移反应为定量基础的滴定分析方法。

由于酸碱反应没有明显的外观变化，因此酸碱反应的滴定终点需借助酸碱指示剂的变色来确定。强碱滴定强酸时，常用酚酞（8.0～9.6）作指示剂；强酸滴定强碱时，常用甲基橙（3.1～4.4）作指示剂；在酸碱滴定中，有时需要将滴定终点限制在很窄的 pH 范围内，这时可采用混合指示剂。混合指示剂可有两大类：一类是同时使用两种指示剂，利用彼此颜色之间的互补作用，使颜色变化更加敏锐。例如，甲基红-溴甲酚绿，其中甲基红的变色范围是 pH 4.4～6.2（红色～黄色），溴甲酚绿的变色范围是 pH 3.8～5.4（黄色～绿色）。两种指示剂按 2∶3 混合后，pH 5.0 以下为暗红色，pH 5.1 时，为灰绿色，pH 5.2 以上为绿色，变色范围变窄，且易于辨别。另一种是由指示剂与惰性染料（如亚甲基蓝、靛蓝二磺酸钠）组成的，其作用原理与前面所述一样，也是利用颜色的互补作用来提高变色的敏锐度。

标准溶液的配制方法有直接法和间接法两种。直接法是准确称取一定量的溶质，溶解后定量转移至容量瓶中，加水稀释至刻度，摇匀即得准确浓度的标准溶液。能用于直接配制标准溶液的物质称为一级标准物质。

很多标准溶液不能用直接法配制，而是用间接法配制。即先配成近似所需浓度的溶液，然后再用一级标准物质或其他标准溶液测定其准确浓度。

三、备选的实验仪器与试剂

仪器：分析天平，台秤，烧杯（50 mL，200 mL，1000 mL），容量瓶（250 mL），锥形瓶（250 mL），试剂瓶（500 mL），洗瓶，洗耳球，酸式滴定管（50 mL），移液管（25 mL），滴定台（含白瓷砖），量筒（10 mL，500 mL）。

试剂：6 $mol \cdot L^{-1}$ 盐酸，小苏打片（0.3 g 每片），硼砂（基准试剂），酚酞指示剂，甲基橙指示剂，甲基红指示剂。

四、实验设计方案

设计具体实验内容，写出详细的实验步骤。

五、实验要求

1. 用酸碱滴定分析方法设计实验方案。
2. 根据设计的具体实验内容，在上述设计实验的大框架要求下，重新写出完整的实验原理，明确所用仪器与试剂，写出详细、具体的实验步骤。
3. 讨论、修改实验设计方案，并完成实验。
4. 完成实验报告，如实验目的、实验原理、实验步骤、实验结果、实验讨论等。

六、思考题

1. 市售浓 HCl，其质量分数约为 36%，密度约为 1.198 $g \cdot cm^{-3}$，应怎样配制 500 mL 近似 0.5 $mol \cdot L^{-1}$ 的 HCl 溶液？
2. 酸碱指示剂选择的原则是什么？
3. 标准溶液的配制方法有哪些？

（王安俊）

实验二十六 蛋壳中钙镁含量的测定

一、实验目的

1. 查阅文献资料，运用所学知识和技能设计实验方案并完成实验。
2. 学习固体试样的酸溶方法。
3. 掌握配位滴定法测定蛋壳中钙、镁含量的方法和原理。

二、基本实验原理

蛋壳的主要成分是 $CaCO_3$，其次为 $MgCO_3$、蛋白质、色素、Fe^{3+}、Al^{3+}等。由于试样中含酸不溶物少，可以用 HCl 溶解制成试液。采用配位滴定法测定钙、镁的含量。

试样溶解后其中的干扰离子可以用三乙醇胺或酒石酸掩蔽。用缓冲溶液调节溶液 $pH\approx10$，以铬黑 T 为指示剂，用 EDTA 标准溶液滴定钙、镁总量。另取一份试样用 NaOH 溶液调节溶液 $pH>12$，使 Mg^{2+}生成沉淀，用 EDTA 标准溶液滴定，测出其钙的含量。由总量减去钙的含量即为镁的含量。

三、备选的实验仪器与试剂

仪器：电子天平，小型台式破碎机，80 目标准筛，烧杯(50 mL，200 mL)，容量瓶(100 mL，250 mL)，锥形瓶(250 mL)，试剂瓶(250 mL，500 mL)，洗瓶，洗耳球，酸式滴定管(50 mL)，移液管(25 mL)，滴定台(含白瓷砖)，量筒，表面皿。

试剂：蛋壳，$0.1000\ mol\cdot L^{-1}$ EDTA 标准溶液，$6\ mol\cdot L^{-1}$ HCl，10% NaOH，20%三乙醇胺水溶液，铬黑 T，NH_3-NH_4Cl 缓冲溶液($pH\approx10$)。

四、实验设计方案

设计具体实验内容，写出详细的实验步骤。

五、实验要求

1. 用配位滴定分析方法设计实验方案。
2. 根据设计的具体实验内容，在上述设计实验的大框架要求下，重新写出完整的实验原理，明确所用仪器与试剂，写出详细的实验步骤。
3. 讨论、修改设计方案，并完成实验。
4. 完成实验报告中实验目的、实验原理、实验步骤、实验结果、实验讨论、思考题等。

六、思考题

1. 如何确定蛋壳粉末的称量范围？
2. 除配位滴定法外还有哪些方法可以测定蛋壳中的钙含量？
3. 蛋壳粉溶解时产生大量泡沫可以用什么方法消除？

（邓世星）

实验二十七　混合物中 $CuSO_4$ 含量的测定

一、实验目的

1. 掌握分光光度计的使用方法。
2. 查阅有关资料，自行设计最佳方案。

二、基本实验原理

可见分光光度法是利用有色溶液对可见光的吸收进行定性和定量分析的一种方法。对于无色或颜色较浅的待测物质需加入合适的显色剂，使之转化为有色溶液再进行测量，$CuSO_4$ 水溶液虽然为蓝色，但颜色较浅，在可见光范围内 $CuSO_4$ 水溶液的吸光系数较小，不适合直接用分光光度计测量。因此，可以考虑在 $CuSO_4$ 水溶液中加入一定量的氨水生成铜氨配离子，此时溶液为深蓝色，在可见光范围内 $[Cu(NH_3)_4]^{2+}$ 溶液的吸光系数较大，可以用可见分光光度法进行分析。

根据朗伯-比尔定律，当吸光物质种类、溶剂、溶液温度一定时，具有一定波长的单色光通过厚度为 b 的有色物质溶液时，有色物质对光的吸收程度 A 与有色物质的浓度 c 呈线性关系，可用式(3-1)表示：

$$A = \varepsilon bc \tag{3-1}$$

三、备选的实验仪器与试剂

仪器：分析天平(精度 0.0001 g)，722 型分光光度计，烧杯(50 mL，200 mL)，容量瓶(50 mL × 7，250 mL)，移液管(1 mL，2 mL，5 mL)，量筒(5 mL，10 mL)，玻璃棒，胶头滴管，称量瓶。

试剂：硫酸铜的混合物(杂质含 NaCl、K_2SO_4、$NaHCO_3$)，浓氨水(分析纯)，硫酸铜(分析纯)。

四、实验设计方案

设计具体实验内容，写出详细的实验步骤。

提示：①0.002～0.01 mol·L^{-1} $[Cu(NH_3)_4]^{2+}$溶液在最大吸收波长处的吸光度为 0.1～0.5。②制备$[Cu(NH_3)_4]^{2+}$溶液时，Cu^{2+}与 NH_3 的浓度比为 1∶40～1∶200。

五、实验要求

1. 用分光光度法设计实验方案。

2. 根据设计的具体实验内容，在上述设计实验的大框架要求下，重新写出完整的实验原理，明确所用仪器与试剂，写出详细的实验步骤。

3. 讨论、修改设计方案，并完成实验。

4. 完成实验报告中的实验目的、实验原理、实验步骤、实验结果、实验讨论、思考题等。

六、思考题

1. 本实验中 $NH_3 \cdot H_2O$ 溶液有什么作用?

2. 如果实验室提供的是市售浓氨水，怎样配制浓度为 1 mol·L^{-1} $NH_3 \cdot H_2O$ 溶液?

3. 实验中应将 Cu^{2+}浓度控制在什么范围内?

（张　欣）

实验二十八　三草酸合铁(Ⅲ)酸钾的制备和组成测定

一、实验目的

1. 查阅文献资料，运用所学知识和技能设计实验方案并完成实验。

2. 通过学习三草酸合铁(Ⅲ)酸钾的制备方法及实验原理，了解无机物制备的一般方法。

3. 学习用 $KMnO_4$ 法测定 $C_2O_4^{2-}$ 与 Fe^{3+}的原理和方法，熟悉确定化合物组成的方法。

二、基本实验原理

三草酸合铁(Ⅲ)酸钾($K_3[Fe(C_2O_4)_3] \cdot 3H_2O$)是制备负载型活性铁催化剂的主要原料，是一些有机反应很好的催化剂，因而具有工业生产价值。三草酸合铁

(Ⅲ)酸钾是绿色单斜晶体，易溶于水，难溶于乙醇。该配合物对光敏感，光照下即发生分解，110℃下失去结晶水成为 $K_3[Fe(C_2O_4)_3]$，230℃时分解。

目前，合成三草酸合铁(Ⅲ)酸钾的工艺路线有多种。可以用铁为原料制得硫酸亚铁铵，加草酸钾制得草酸亚铁后，经氧化制得三草酸合铁(Ⅲ)酸钾；或以硫酸铁与草酸钾为原料直接合成三草酸合铁(Ⅲ)酸钾；也可以用三氯化铁或硫酸铁与草酸钾直接合成三草酸合铁(Ⅲ)酸钾。

本实验拟采用硫酸亚铁铵为原料，加草酸钾制得草酸亚铁，再经氧化制得三草酸合铁(Ⅲ)酸钾。其反应式如下：

$$Fe^{2+} + C_2O_4^{2-} + 2H_2O = FeC_2O_4 \cdot 2H_2O\downarrow(黄色)$$

$$2FeC_2O_4 \cdot 2H_2O + H_2O_2 + H_2C_2O_4 + 3K_2C_2O_4 = 2K_3[Fe(C_2O_4)_3] \cdot 4H_2O$$

在酸性介质中，用 $KMnO_4$ 标准溶液分别滴定可测得 $C_2O_4^{2-}$ 和 Fe^{3+} 的含量。其反应式为

$$5C_2O_4^{2-} + 2MnO_4^- + 16H^+ = 10CO_2 + 2Mn^{2+} + 8H_2O$$

$$2Fe^{3+} + Zn = 2Fe^{2+} + Zn^{2+}$$

$$5Fe^{2+} + MnO_4^- + 8H^+ = 5Fe^{3+} + Mn^{2+} + 4H_2O$$

最后，根据 $KMnO_4$ 法测定三草酸合铁(Ⅲ)酸钾中 Fe^{3+} 含量和 $C_2O_4^{2-}$ 含量，可确定 Fe^{3+} 和 $C_2O_4^{2-}$ 的配位比。

注意事项：

(1) $KMnO_4$ 滴定 $C_2O_4^{2-}$ 时，升温以加快滴定反应速率，但温度不能超过 85℃，否则草酸易分解：

$$H_2C_2O_4 = H_2O + CO_2\uparrow + CO\uparrow$$

(2) $KMnO_4$ 滴定 Fe^{2+} 或 $C_2O_4^{2-}$ 时，滴定速度不能太快，否则部分 $KMnO_4$ 在热溶液中按下式分解：

$$4KMnO_4 + 2H_2SO_4 = 4MnO_2\downarrow + 2K_2SO_4 + 2H_2O + 3O_2\uparrow$$

(3) 滴定时 $KMnO_4$ 浓度大约为 $0.0100\ mol \cdot L^{-1}$。

三、备选的实验仪器与试剂

仪器：托盘天平，分析天平，长颈漏斗，布氏漏斗，抽滤瓶，真空泵，水浴箱，表面皿，称量瓶，烧杯(100 mL，250 mL)，量筒(10 mL，100 mL)，移液管(25 mL)，容量瓶(250 mL)，试剂瓶(250 mL)，锥形瓶(250 mL)，酸式滴定管(50 mL)，蒸发皿，烘箱。

试剂：硫酸亚铁铵(分析纯)，硫酸铁(分析纯)，六氰合铁酸钾(Ⅲ)，草酸(分

析纯），草酸钠（分析纯），草酸钾（分析纯），氯化钾（分析纯），氯化钙，硝酸钾（分析纯），乙醇，丙酮，高锰酸钾（分析纯），6 mol · L^{-1} HCl，6 mol · L^{-1} H_2SO_4，30% H_2O_2，锌粉。

四、实验设计方案

根据上述实验的基本原理，设计具体的实验方案。

五、实验要求

1. 要求实验设计方案写出完整的实验原理，明确所用仪器与试剂，写出详细的实验步骤。
2. 讨论、修改设计方案，并完成实验。
3. 完成实验报告中的实验目的、实验原理、实验步骤、实验结果、实验讨论、思考题等。

六、思考题

1. 根据三草酸合铁（Ⅲ）酸钾的性质，应当如何保存?
2. 在合成三草酸合铁（Ⅲ）酸钾的实验中，最后能否用蒸干溶液的办法来提高产率? 为什么?
3. 能否用 $FeSO_4$ 代替硫酸亚铁铵来合成 $K_3[Fe(C_2O_4)_3]$? 如果用 HNO_3 代替 H_2O_2 作氧化剂，写出用 HNO_3 作氧化剂的主要反应式。你认为哪个作氧化剂较好?
4. 在产生三草酸合铁（Ⅲ）酸钾晶体时，无水乙醇的加入对产生晶体有什么影响?

（胡庆红）

实验二十九　有机化合物的鉴别

一、实验目的

1. 掌握常见有机化合物的结构、分类及理化性质。
2. 掌握各种官能团的特征反应，并以此对各种常见有机化合物进行鉴别。

二、基本实验原理

有机化合物按照官能团的不同可以分为：烷烃、烯烃、炔烃、芳香烃、卤代烃、醇、酚、醚、醛、酮、羧酸及其衍生物(酯、酸酐、酰胺、酰氯等)、胺等。

有机化合物的结构决定了它们的物理、化学性质，利用它们所具有的特殊理化性质可以对它们进行鉴别。

(1)烷烃分子只含 C—C 和 C—H σ 键，不溶于水，化学性质十分稳定，在一般条件下不易与强酸、强碱、氧化剂、还原剂等作用，可在加热、光照或催化剂存在下与卤素发生自由基取代反应。

(2)烯烃分子中含有碳碳双键，不溶于水，易发生加成、氧化、还原或聚合反应。常用溴或高锰酸钾区分不饱和烃与饱和烃。

(3)卤代烃的官能团是卤素，它不溶于水，可与硝酸银的醇溶液发生亲核取代反应，反应的活性受到卤素原子及其所连烃基的结构影响，因此硝酸银的醇溶液可检验不同类型的卤代烃。

(4)醇的官能团是醇羟基，低级醇以及多元醇水溶性较好。醇可与浓盐酸/氯化锌试剂[卢卡斯(Lucas)试剂]发生取代反应生成水溶性较低的卤代烃；伯醇、仲醇可被强氧化剂如高锰酸钾氧化。此外，具有邻二羟基结构片段的化合物可与新配制的氢氧化铜絮状沉淀反应使沉淀消失并生成绛蓝色溶液。不过要注意的是，具有邻二羟胺结构片段的化合物如苏氨酸也可以与氢氧化铜发生类似的配位反应产生类似的现象。

(5)酚的官能团是酚羟基，微溶于水，具有弱酸性。酚与三氯化铁水溶液的显色反应或者与溴水的取代反应均可鉴别酚。

(6)醛和酮都含有羰基，它们均可与羰基试剂(如 2,4-二硝基苯肼)发生亲核加成反应。具有 CH_3CO—结构片段的醛或酮能发生碘仿反应。但由于醛的羰基直接与氢相连，使醛具有酮所不具备的性质，如醛能被弱氧化剂托伦(Tollen)试剂、费林(Fehling)试剂、本尼迪克特(Benedict)试剂氧化；醛能与席夫(Schiff)试剂发生显色反应；具有α-H 的醛容易发生羟醛缩合反应，加热条件下可能生成共轭有颜色的产物。利用这些性质可以区别醛、酮。

(7)羧酸的官能团是羧基，低级羧酸易溶于水。羧酸显弱酸性，并且比碳酸的酸性强，可与碳酸盐或碳酸氢盐反应生成二氧化碳气体。一般羧酸不易被氧化，但甲酸、草酸、α-羟基酸、α-羰基酸易被强氧化剂氧化。

(8)糖是多羟基醛、多羟基酮及其缩合物。醛糖(如葡萄糖)或部分二糖可表现出醛的部分性质，可被弱氧化剂如托伦试剂、费林试剂、本尼迪克特试剂及溴水氧化。酮糖(如果糖)及部分二糖在碱性条件下可通过酮式-烯醇式互变异构为醛式，因此也表现出还原性。可用 Seliwanoff 试剂将醛糖与酮糖区分开来。

(9)胺具有弱碱性。一级胺和二级胺能与茚三酮发生缩合反应生成紫蓝色产物。此外，亚硝酸可以分别与脂肪伯胺、仲胺、叔胺发生反应并显现不同的现象。

许多有机化合物广泛应用于医学相关领域，如液状石蜡是医学上常用的润滑剂，也可作为药物的软膏基质，它是多种液态饱和烃的混合物；油酸在药物制剂中作为药用辅料、起泡剂和稳定剂等使用，属于高级不饱和羧酸；甘油是常用的润滑性泻药或药用辅料，它具有邻二醇结构；水杨酸是含有酚羟基的羧酸，乙酰丙酸是具有酮羰基的羧酸，乳酸属于羟基羧酸，它们常用作医药、食品、日用品等领域的消毒防腐剂；葡萄糖为生命活动提供能量，属于多羟基醛；苏氨酸是人体必需氨基酸之一，是具有羟基、氨基的羧酸。本实验将通过官能团的特征反应将它们一一鉴别开来。

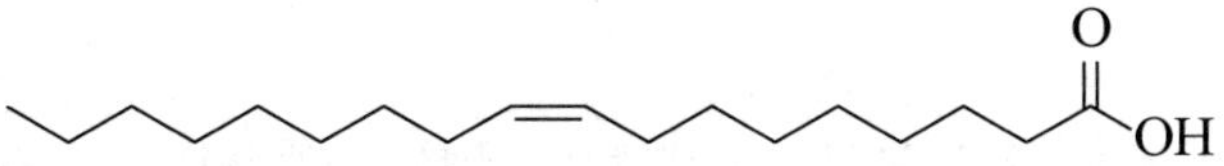

油酸

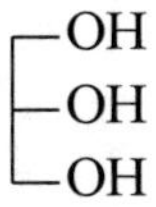

甘油

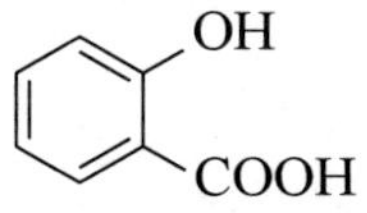

水杨酸

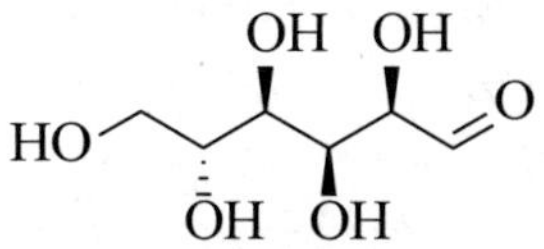

葡萄糖

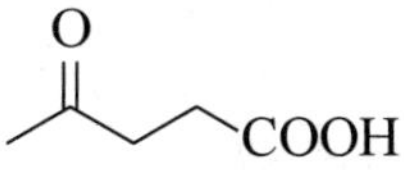

乙酰丙酸

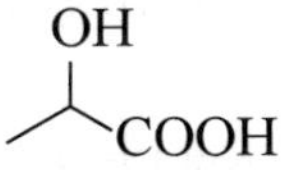

乳酸

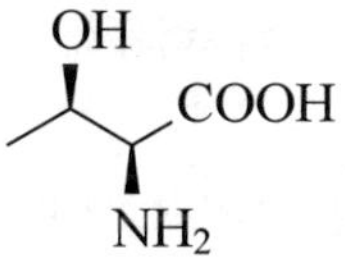

苏氨酸

三、备选的实验仪器与试剂

仪器：试管(20 mL × 8)，试管架，滴瓶，洗瓶，废液回收瓶。

试剂：2%石蜡的乙醇溶液，2%油酸的乙醇溶液，5%甘油水溶液，2%水杨酸的乙醇溶液，5%葡萄糖水溶液，5%乙酰丙酸水溶液，5%乳酸水溶液，5%苏氨酸水溶液，1%中性高锰酸钾溶液，甲基橙指示剂，5% $FeCl_3$ 溶液，5% I_2-KI 溶液，3 $mol \cdot L^{-1}$ NaOH 溶液，0.2%茚三酮溶液，5%硝酸银溶液，5%氨水[1]，10% $CuSO_4$ 溶液[2]。

四、实验设计方案

根据上述实验基本原理，设计合理的实验方案，将随机编号的下述 8 种试剂鉴别出来：2%石蜡的乙醇溶液，2%油酸的乙醇溶液，5%甘油水溶液，2%水杨酸的乙醇溶液，5%葡萄糖水溶液，5%乙酰丙酸水溶液，5%乳酸水溶液，5%苏氨酸水溶液。

五、实验要求

1. 画出实验流程图，写出完整的实验原理，明确所用仪器与试剂。

2. 讨论、修改完善方案，并完成实验，在流程图中详细记录观察到的实验现象。

3. 写出鉴别结果，完成实验报告。

六、思考题

1. 本实验涉及的反应方程式有哪些？请依次列出每一个有反应现象的方程式。

2. 结合本实验，分别写出烷烃、烯烃、醇、酚、醛、酮、羧酸、氨基酸的鉴别方法。

注释

[1] 银氨溶液需要新鲜配制，配制方法如下：在洁净的试管中加入 1 mL 5%硝酸银溶液，再用滴管加入 3 mol · L^{-1} NaOH 水溶液 1 滴，然后振荡试管，有沉淀生成，再逐滴滴入 5%稀氨水，直到最初产生的沉淀恰好溶解为止，即可得到银氨溶液。

[2] 氢氧化铜沉淀需要新鲜配制，配制方法如下：在洁净的试管中加入 1 mL 10% $CuSO_4$ 溶液与 2 mL 3 mol · L^{-1} NaOH 溶液即可得到氢氧化铜絮状沉淀。

（姚秋丽）

实验三十　混合金属离子的鉴定

一、实验目的

1. 查阅文献，运用所学理论知识独立设计实验方案。

2. 通过实验了解用于离子鉴定反应的基本要求，掌握金属离子鉴定的一般方法。

二、基本实验原理

混合离子样品是 Ni^{2+}、Ag^+、Cu^{2+}、Ca^{2+}、Ba^{2+}、Fe^{3+}中的 1～4 种，其中 Ca^{2+} 和 Ba^{2+}不能同时存在于同一个样品中。根据金属离子之间性质的不同运用特征反应进行鉴别，确定混合物的成分组成。

三、备选的实验仪器与试剂

仪器：小试管，试管架，胶头滴管，烧杯。

试剂：NaCl，KSCN，Na_2CrO_4，$Na_2C_2O_4$，H_2SO_4，$K_4[Fe(CN)_6]$，丁二酮肟，$NH_3 \cdot H_2O$，NaOH，以上试剂均为分析纯。

四、实验设计方案

设计具体实验内容，写出详细的实验原理、实验步骤。

五、实验要求

1. 运用学过的离子鉴定反应设计实验方案。写出详细的实验步骤。
2. 通过讨论、修改设计方案，确定可行的实验方案并完成实验。
3. 完成实验报告中的实验目的、实验原理、实验步骤、实验结果、实验讨论、思考题等。

六、思考题

如果 Ca^{2+}和 Ba^{2+}同时存在，如何鉴别？

（王文君）

第四章　PBL 教学

PBL 教学最早起源于 20 世纪 50 年代的医学教育，是一种以学生为中心的教育方式，一种知行合一的体验式和实践式的学习方法。

PBL 教学分为问题式学习(problem-based learning)和项目式学习(project-based learning)两种模式。PBL 教学设计具有四个主要特征：

(1)从一个需要解决的问题开始学习，这个问题称为驱动问题(driving question)。问题必须是学生在其未来的专业领域可能遇到的“真实世界”的非结构化的问题，没有固定的解决方法和过程。

(2)学生在一个真实的情境中对驱动问题展开探究，应用所学知识解决问题。

(3)学生以小组方式参加协作性学习、讨论并得出结论，一同寻找解决问题的方法，偏重小组合作学习和自主学习。

(4)教师参与过程引导、分析和总结，实时解决学生碰到的问题；教师的角色是指导认知学习技巧的教和练，从教知识变为教学生学会学习和应用知识。

当前，PBL 教学多以医学专业高年级(大三或大四)学生进行设计。无论是问题式还是项目式，PBL 教学的最终目的都是提升学生在案例中分析问题、解决问题及对所学知识进行归纳总结、演绎推理的能力，增强对所学知识的自我理解、掌握和应用。通过 PBL 小组方式，培养学生组织管理、团队协作能力。为使一年级医药学学生具备上述能力，本书以铜(Ⅱ)在生物体中的重要作用，编写了有关铜(Ⅱ)的案例，并通过其导入铜(Ⅱ)含量测定的科研成果转化实验教学新方法，培养学生分析解决问题、归纳总结化学理论知识的能力，激发学生创新热情和思维。

本书编写的 PBL 教学设计需在学生学习了无机化学课程中原子结构、分子结构、沉淀溶解平衡、酸碱平衡、氧化还原及配合物等理论知识后开展，整个案例需 8～16 课时，使用时，主要结合无机化学课程知识解释案例中相关的内容即可，对于案例中的医学病理现象不作为重点内容讨论。至于提示的问题，可结合实际进行拓展。本节 PBL 教学的最终目的是通过 PBL 教学提出 Cu(Ⅱ)的重要性，并说明如何快速、精准检测。同时，形成 PBL 协同科研成果转化的综合性实验，涉及的传感器分子可通过第二课堂方式，学生依据文献合成，也可联系编者获取开展 Cu(Ⅱ)的含量测定的实验内容。

案例讨论一　“铜(Ⅱ)”样重要(一)

铜(Ⅱ)是一些金属酶的组成成分，参与体内造血过程，催化血红蛋白合成，维持血液、中枢神经系统等的生理功能。同时，铜(Ⅱ)还是人体健康不可缺少的微量元素之一。研究结果表明，至少有 20 种酶含有铜(Ⅱ)，其中至少有 10 种需要靠铜来发挥作用。婴儿的生长，骨骼的强化，红、白细胞的成熟，铁的运转，胆固醇和葡萄糖的代谢，心肌的收缩，以及大脑的发育，都需要铜(Ⅱ)。此外，铜(Ⅱ)还可作为催吐药物及补铜药物。

案例 1：某女性居住于孔雀石矿厂附近，其在怀孕初期出现恶心、呕吐症状，以为是孕吐未加重视，后逐步加重。就医后医生应用维生素 B_6 制剂以防治妊娠呕吐，但患者未见减轻恶心、呕吐症状。根据其所处生活环境，医生对其血液进行了检查，经血液检查发现其血液中含铜量为 2627.5 $\mu g \cdot L^{-1}$。

案例 2：患者，女，32 岁。因与丈夫发生口角服敌敌畏约 5 mL。在村卫生室服用 0.5%硫酸铜约 5000 mL 催吐后转入院。入院查体未发现明显异常。经反复用清水洗胃，洗出大量蓝绿色液体，按有机磷中毒处理，输液至 1500 mL 时出现无尿、恶心、呕吐、面色苍白、呼吸急促、四肢冷、脉细弱而速，测血压 11.9/6.6 kPa，因休克抢救无效而死亡。

案例 3：李某，男，38 岁。其妻因家里老鼠猖獗，装了一碗农药掺饭单独放置，准备用来毒鼠。李某误食后，在村卫生室买硫酸铜自行催吐解毒，在药物的作用下，李某把掺农药的毒饭全部都吐了出来。次日，李某全身出现了黄疸，甚至血尿的症状，送入医院急救。李某在毒性发作的过程中相继出现了肝肾功能衰竭、肠功能衰竭、药物溶血，经医院及时抢救，李某获救。

案例 4：患者，女，35 岁。因面色苍白 5 月余，乏力，头发出现变白等症。到医院就医，经血液检测其铜含量为 35 $\mu g \cdot L^{-1}$。

从上述案例，并结合下列提示问题开展。

(1)案例 1 中有哪些与无机化学相关的知识可以解释该患者的病症？

(2)案例 2 引起患者死亡的原因可能是什么？如何应用无机化学相关知识解决？

(3)案例 3 中医生可用哪些药物解救李某？请运用无机化学相关知识。

(4)案例 4 说明了什么？正常人体的铜离子浓度为多少？临床上哪些药物和生活中哪些食物可以解除患者出现的症状？

(5)案例 1～4 说明了什么？在今后日常生活、学习中如何应用相关学科知识解决？请归纳总结铜在人体中的重要功用。

(6)对于贫血患者，常有补铁需补铜的说法，请问是什么原因。能否通过无机化学课程学习表达铜与铁的浓度计算关系？已知正常人体内铜含量为 100～150 mg，正常人体内铁含量为 3～4 g。

(7)结合已经学习的无机化学课程，从铜的价层电子构型出发，铜可形成几种氧化数的离子？哪个更稳定？试说明在水溶液中 Cu^{2+} 稳定，而 Cu^{+} 不稳定的原因。

案例讨论二　"铜（Ⅱ）"样重要（二）

案例 5：刘某承包了村里的鱼塘，其在家人的帮助下，鱼塘逐渐有了起色并发家致富。同村王某因嫉妒刘某，在夜晚向鱼塘中投入大量硫酸铜。次日，刘某发现鱼塘大量鱼死亡，后经畜牧、环保技术人员对鱼塘水质和鱼做检查发现：鱼塘水发浑；鱼肝呈红绿色，腔液凝固。

案例 6：我国地大物博，中药材品种和数量丰富，作为传统中药生成、销量大国，其也是我国外销产品之一。然而，在 2013 年，英国药物与保健品管理局(Medicines & Healthcare products Regulatory Agency, MHRA)颁布了传统草药制品限售法令，从 2014 年 5 月 1 日起，在英市场上销售的所有草药制品(包括中成药)须有传统草药注册方案(THR)，在取得 THR 标志和认证号后方能在英国销售。然而，尚未有任何一种中成药成功注册 THR。此即意味着英国已全面禁止中成药在英国的销售，为我国中药材等出口英国带来困扰。导致这一禁令是由于 MHRA 认为中药材中的有害毒素含量高，其中重金属就是其中主要指标，可见英国禁令的主要原因在于中药重金属超标，中药重金属超标已成为影响其质量与信誉、阻碍中医药走向世界的严峻问题。

从上述案例，并结合下列提示问题开展。

(1)运用化学的相关知识解决案例 5 的鱼塘水质问题。

(2)什么是重金属？其在中药材中的国内外标准有哪些？

(3)能否通过一些途径解决药材中重金属含量超标的问题？

(4)通过案例 1～6 对于上述案例中铜（Ⅱ）的测定方法有哪些？试分别讨论各种方法的优缺点。

(5)能否发展一些新的检测方法快速简便地对铜（Ⅱ）进行检测，如化学传感器法等？

(6)什么是化学传感器？其作为金属离子和阴离子的识别新方法有哪些作用方式？用到的无机化学相关知识有哪些？

（袁泽利）

实验三十一　Cu（Ⅱ）含量的碘量测定方法

一、实验目的

1. 了解淀粉指示剂的作用原理。
2. 掌握碘量法测定铜的原理与方法。

二、实验原理

由 Cu^{2+}/Cu^{+}和 I^{-}/I_2 可知：$E = E_+ - E_- = 0.159-(-0.5355\ V) = 0.6945\ V > 0$，铜(Ⅱ)与 I^-可正向自发进行。

在酸性(弱酸)溶液中，Cu^{2+}与过量 KI 反应生成碘化亚铜沉淀，并析出与铜(Ⅱ)量相当的碘：

$$2Cu^{2+} + 4I^- \longrightarrow 2CuI\downarrow + I_2$$

$$I_2 + I^- \longrightarrow I_3^-$$

用 $Na_2S_2O_3$ 标准溶液滴定析出的 I_2，由此可以计算出铜含量。

$$I_2 + 2S_2O_3^{2-} \longrightarrow 2I^- + S_4O_6^{2-}$$

由于碘化亚铜沉淀表面溶液吸附 I_3^-，测定结果偏低。通常需在终点到达之前加入硫氰酸钾，使 CuI 沉淀转化为溶度积更小的 CuSCN 沉淀。

$$CuI + SCN^- \longrightarrow CuSCN\downarrow + I^-$$

CuSCN 不吸附 I_3^-，从而使被 CuI 吸附的那部分 I_3^- 释放出来，提高测定的准确度。

三、仪器与试剂

仪器：滴定管(50 mL)，锥形瓶(250 mL)，移液管(25 mL)，容量瓶(250 mL)，分析天平。

试剂：硫酸铜样品，10% KI(水溶液)，10% KCNS，0.5%淀粉溶液，0.1 $mol \cdot L^{-1}$ $Na_2S_2O_3$ 标准溶液，1 $mol \cdot L^{-1}$ H_2SO_4。

四、实验步骤

准确称取硫酸铜样品 0.6 g 左右，置于 250 mL 锥形瓶中，加 5 mL 1 $mol \cdot L^{-1}$ H_2SO_4、100 mL 蒸馏水、10 mL 10% KI 溶液，立即用 $Na_2S_2O_3$ 标准溶液滴定至呈现浅黄色，加入 5 mL 0.5%淀粉溶液，继续滴定至浅蓝色，再加入 10 mL 10% KCNS 溶液，混匀后溶液又转为深蓝，最后用 $Na_2S_2O_3$ 标准溶液滴定到蓝色刚刚消失为止，即为终点，此时溶液呈米色悬浮液。平行测定三次，记录 $Na_2S_2O_3$ 用量，计算硫酸铜样品铜的含量。

$$w(Cu^{2+}) = \frac{c(Na_2S_2O_3)V(Na_2S_2O_3)}{m \times 1000} \times 100\%$$

五、数据记录与处理（表 4-1）

表 4-1　数据记录与处理

项目	1	2	3
样品质量/g			
硫代硫酸钠溶液的初读数/mL			
硫代硫酸钠溶液的终读数/mL			
硫代硫酸钠溶液的用量/mL			
$w(Cu^{2+})$/%			
$w(Cu^{2+})_{平均}$/%			
相对平均偏差			

六、思考题

1. 碘量法测定铜为什么在弱酸性介质中进行？
2. 过量的碘化钾的作用是什么？

（袁泽利）

实验三十二　化学传感器法测定多种微量元素注射液Ⅱ中铜（Ⅱ）含量

一、实验目的

1. 了解化学传感器的基本原理。
2. 掌握化学传感器测定 Cu（Ⅱ）的方法。
3. 熟悉紫外-可见分光光度计和分光光度计的使用方法。

二、实验原理

化学传感器是基于超分子化学分子识别而发展起来的一种新型微量和痕量分析技术，即通过特定的客体分子与主体分子选择性识别，将物理或者化学性能的改变转化为光学信号。例如，在紫外、可见、近红外区有特征荧光，且其光学性质可随所处环境的性质（如溶剂极性、pH 等）改变而灵敏改变的一类分子。化学传感器的体积与分子相当或稍大，通常具有较好的灵敏度、实时性、选择性等性能。对离子进行检测，光化学传感器上通常含有孤对电子的杂原子（O、N、S 等），其能够提供离子的结合位点，工作原理如图 4-1 所示。

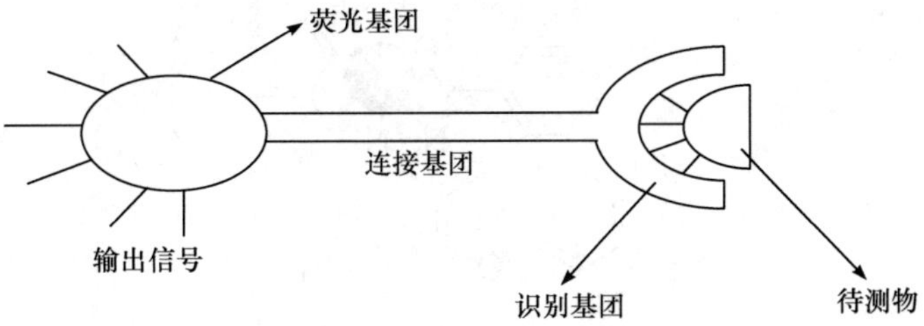

图 4-1 传感器工作原理

本实验利用已合成的罗丹明母核的新化学传感器分子对临床药物——多种微量元素注射液Ⅱ中铜(Ⅱ)含量进行测定。

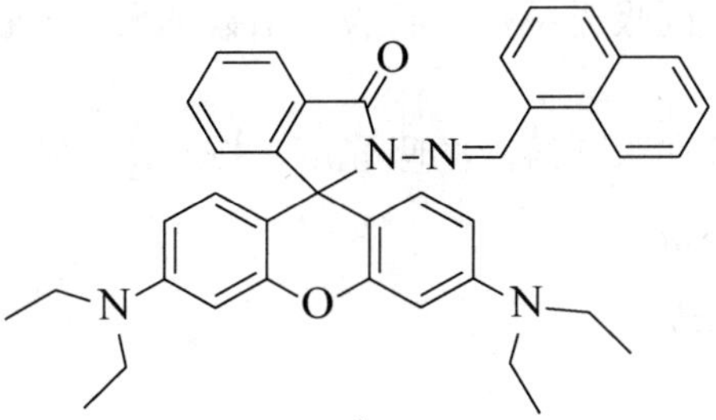

1

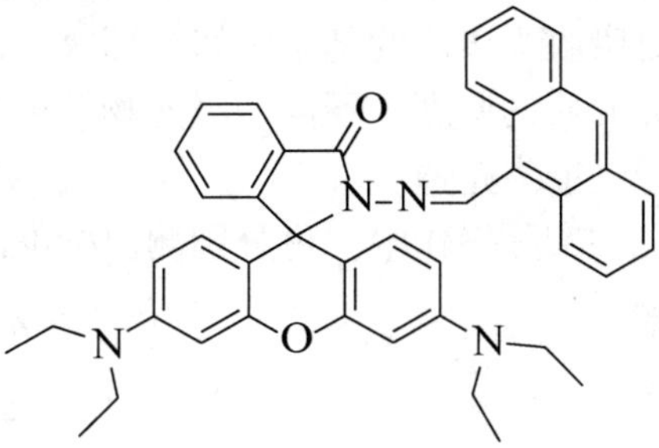

2

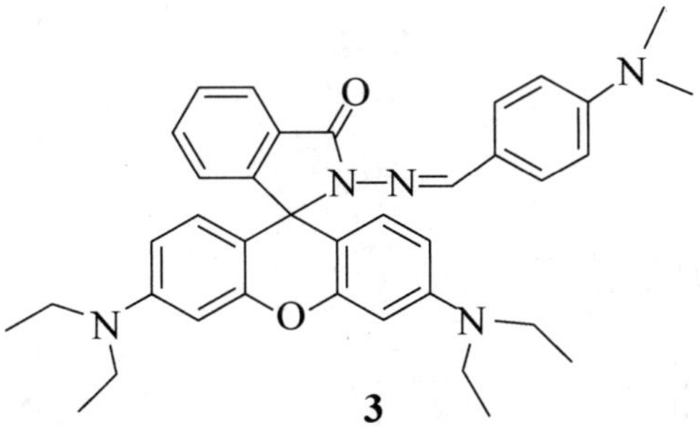

3

结构式为 **1**，**2**，**3** 的传感器识别机理为：传感器分子中两个氮配位原子核芳环碳原子与 Cu(Ⅱ)进行配位进行识别，如传感器 **1**：

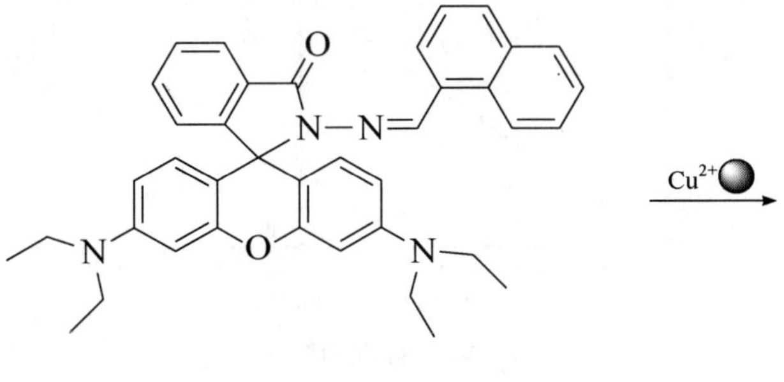

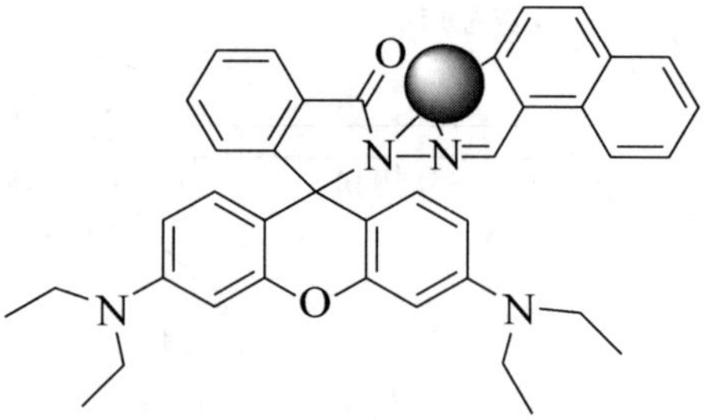

该罗丹明母核的新化学传感器分子与 Cu(Ⅱ)结合后，会立即显示酒红色。

物质吸收紫外或可见光而引起分子中价电子跃迁，产生分子吸收光谱与物质组分之间的关系建立起来的分析方法，称为紫外-可见分光光度法。朗伯-比尔定律是吸收光谱法的基本定律，即 $A = \varepsilon bc$，其中 A 为吸光度，ε 为吸光系数，b 为吸光介质的厚度。不同的吸光物质可有不同吸光系数，且吸光系数越大，该物质的吸光能力越强。

在实际操作中，可分别测出标准溶液和未知溶液的吸光度，按下式计算：

$$A_{标} = \varepsilon bc_{标} \quad ①$$

$$A_{未} = \varepsilon bc_{未} \quad ②$$

式①除以式②得

$$\frac{A_{标}}{A_{未}} = \frac{c_{标}}{c_{未}}$$

$$c_{未} = c_{标}\frac{A_{未}}{A_{标}} \quad ③$$

上述方法称为比较法。

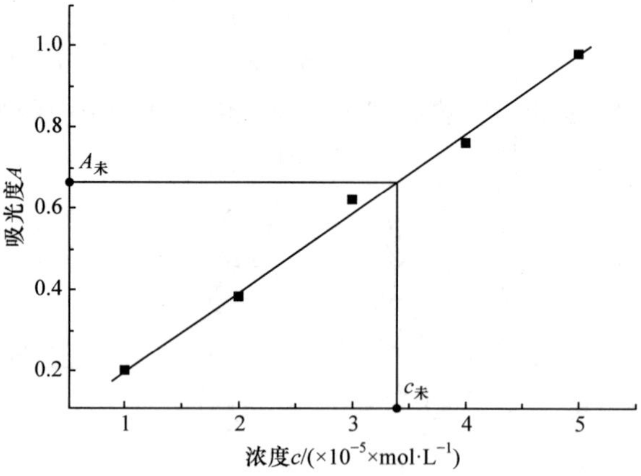

图 4-2　标准曲线法

为提高测量的准确度，减少偶然误差，往往同时测定数个标准溶液的吸光度，并以浓度为横坐标，吸光度为纵坐标，绘制标准曲线。再在同样条件下，测定未知溶液(待测溶液)的吸光度，即可从标准曲线中找出待测溶液的浓度，这种方法称为标准曲线法。

三、仪器与试剂

仪器：分光光度计，容量瓶(10 mL × 7，100 mL)。

试剂：1.0×10^{-4} mol · L^{-1} 铜(Ⅱ)标准溶液，乙醇/水(体积比为 1∶1)溶液，多种微量元素注射液Ⅱ[也可应用其他临床含铜(Ⅱ)高的药物]，传感器分子(上述分子结构中的 **1**)。

四、实验步骤

1. 化学传感器标准溶液的配制

称取传感器(0.0610 g)，用乙醇/水溶解，用乙醇/水溶液定容至 100 mL。浓度为 1.0×10^{-3} mol · L^{-1}，备用。

2. 标准溶液和待测溶液的配制

取 10 mL 容量瓶 7 个，按表 4-2 所列的量，用移液管量取相关试液分别盛入容量瓶中，加乙醇/水溶液至刻度，摇匀后即得系列标准溶液、空白溶液和待测溶液。使传感器浓度为 5.0×10^{-5} mol · L^{-1}。

表 4-2　Cu(Ⅱ)标准溶液和待测微量元素注射液Ⅱ溶液的配制

容量瓶编号	1	2	3	4	5	6	7
传感器储备液/mL	0.20	0.20	0.20	0.20	0.20	0.20	0.20
铜标准溶液/mL	0.00	0.10	0.20	0.40	0.60	0.80	—
铜(Ⅱ)溶液/μL	—	—	—	—	—	—	1.00

3. 吸收光谱的测定

1) 紫外-可见吸收光谱测定最大波长 λ_{max}

取表 4-2 中的 4 号瓶，按分光光度计的使用方法，以乙醇/水空白溶液为参比溶液，测定吸收光谱图，找出最大波长 λ_{max}。

2) 分光光度计测定最大波长 λ_{max}

取表 4-2 中的 4 号瓶，按分光光度计的使用方法，选择波长为 540～570 nm，以乙醇/水空白溶液为参比溶液，每隔 5 nm 测定一次吸光度，按表 4-3 记录数据，找出最大吸收波长。

表 4-3　吸收光谱的测定

波长λ/nm	540	545	550	555	560	565	570
吸光度							

4. 吸光度的测定

按分光光度计的使用方法，根据步骤 3 中第 2) 步找到的最大吸收波长，以 1 号为空白溶液，分别测定表 4-2 中 7 号容量瓶的吸光度。记录读数。

5. 多种微量元素注射液Ⅱ中 Cu(Ⅱ)含量的确定

根据所测得的 7 号容量瓶的吸光度，利用比较法和标准曲线法分别求出多种微量元素注射液Ⅱ中 Cu(Ⅱ)的含量。

6. 可视化(目测法)检测 Cu(Ⅱ)

将一定量的传感器分子用乙醇溶解后，再将试纸剪成长方形(1 cm × 5 cm)，放入含传感器分子的乙醇溶液中，放入一段时间后，将其取出放干，再喷洒不同浓度的 Cu(Ⅱ)标准溶液，观察其颜色变化情况，再将待测多种微量元素注射液Ⅱ喷于另一浸泡的试纸上，与标准进行对比。

五、思考题

1. 比较法和标准曲线法的优缺点。
2. 本次实验新方法与碘量法相比有哪些优缺点？

（袁泽利）

思考题参考答案

实验一

1. (1)有；(2)无；(3)有；(4)无。

2. 用 HCl 标准溶液滴定硼砂溶液，达到化学计量点时，溶液的 pH≈5，而甲基红指示剂的变色范围是 4.4～6.2，可选用。

3. 试剂组成与其化学式完全一致；纯度在 99.9%以上；参与反应时按反应方程式定量进行，无副反应；通常情况下该物质性质稳定且有较大摩尔质量。

实验二

1. 加入辅助指示剂 Mg^{2+}是为防止终点提前到达。加入 Mg^{2+}之后的溶液用 EDTA 滴定到恰为蓝色，因此不会影响测定结果。

2. 没有影响。

3. 本实验所发生的反应要求在合适的 pH 条件下进行，pH 过高或过低对实验均不利，pH 过低会产生酸效应，pH 过高则加入的 Mg^{2+}会生成沉淀。因此，要使用缓冲溶液调节溶液酸度在一合适的范围。

实验三

1. 水中以碳酸氢盐形式存在的钙、镁盐，加热能被分解，析出沉淀而除去，这类盐所形成的硬度称为暂时硬度。钙、镁的硫酸盐、氯化物、硝酸盐等在加热时不沉淀，它们所形成的硬度称为永久硬度。水的总硬度包括暂时硬度和永久硬度。

2. 直接配制法和间接配制法。

实验四

1. 本实验中采用 Na_2CO_3来除去 Ca^{2+}、Mg^{2+}等杂质离子，只会引入 Na^+和 CO_3^{2-}，避免了引入新的其他杂质离子。HCl 可除去 CO_3^{2-}（过量的沉淀剂），同时与过量 Na^+生成 NaCl，盐酸有挥发性，过量的盐酸在加热结晶过程中自动除去，不会引起新的污染。

2. 从毒性方面考虑，当然是选择 $CaCl_2$ 好，但 $CaCl_2$ 的加入不能使溶液中的 SO_4^{2-} 完全沉淀，达不到纯化 NaCl 的目的，而采用 $BaCl_2$ 沉淀剂就可以获得 SO_4^{2-} 含量甚微的精盐。

3. ①干燥不完全，结晶中仍含有少量水分；②由于纯化结晶过程中加入了 Na_2CO_3 和 HCl，可生成额外的 NaCl，也可使产率偏高。

实验五

1. 掩蔽可能由于分离不完全而存在的 Al^{3+}，消除 Al^{3+}对 Mg^{2+}测定的干扰。

2. 不可以。由于 Al^{3+}易水解生成多核羟基配合物，与 EDTA 配位反应速率缓慢，对二甲酚橙指示剂有封闭作用，因此不能用 EDTA 标准溶液直接滴定 Al^{3+}。

3. 依据 EDTA 的酸效应、金属离子的羟基配位效应而确定适宜的 pH 范围，同时考虑指示剂颜色变化对 pH 要求以及其他共存离子干扰。

实验六

1. 在室温条件下，$KMnO_4$ 与 $C_2O_4^{2-}$ 之间的反应速率缓慢，故加热提高反应速率。但温度不能太高，若超过 85℃则有部分 $H_2C_2O_4$ 分解，反应式如下：

$$H_2C_2O_4 = CO_2\uparrow + CO\uparrow + H_2O$$

2. 因 $C_2O_4^{2-}$ 与 $KMnO_4$ 的反应开始速率很慢，第一滴加入的 $KMnO_4$ 颜色褪后即有 Mn^{2+}产生，Mn^{2+}为该反应的催化剂，可加快反应速率。

3. 本实验采用自身 $KMnO_4$ 指示剂法指示终点。当溶液中 MnO_4^- 浓度约为 2×10^{-6} mol · L^{-1} 时人眼可观察到粉红色。因此，无须另加指示剂，而利用稍过量的粉红色的出现来指示终点。

4. 高锰酸钾法的测定条件：用硫酸调节酸度，控制在 0.5～1 mol · L^{-1}。

实验七

1. 不能。因为 HNO_3 具有氧化性，HCl 具有还原性，而双氧水既有氧化性也有还原性。所以只能用稀 H_2SO_4。

2. 不能。如果加热，双氧水自身就会分解。反应式为

$$2H_2O_2 = 2H_2O + O_2\uparrow$$

实验八

1. $NaHCO_3$ 溶液中存在 $HCO_3^- + H_2O \rightleftharpoons H_3O^+ + CO_3^{2-}$；$HCO_3^- + H_2O \rightleftharpoons H_2CO_3 + OH^-$ 两个解离平衡。加入酸后所引入的 H^+会与 CO_3^{2-}、HCO_3^- 反应，从而降低 H^+浓度保持 pH 近似不变。同理，加入碱后所消耗的 H^+会通过平衡移动得到补充，从而保持溶液 pH 近似不变。$NaHCO_3$ 作为两性物质其水溶液的 pH 在满足 $K_{a2}c\geqslant20K_w$，$c\geqslant20K_{a1}$ 条件时，用公式 $[H_3O^+]=\sqrt{K_{a1}K_{a2}}$ 进行近似计算，可知其 pH 在一定范围内不随浓度变化而变化。综上所述，$NaHCO_3$ 溶液具有一定的抗酸、抗碱、抗稀释能力。

2. 缓冲溶液的缓冲能力通过缓冲容量的大小来体现，缓冲容量的大小受到缓冲溶液总浓度和缓冲比两个方面的制约，在缓冲比一定时总浓度越大缓冲容量也越大，在总浓度一定时缓冲比越接近 1∶1 缓冲容量越大。

3. 在测有色溶液的 pH 时，如用 pH 试纸检测在用比色卡比对时会受到溶液本身颜色的干扰导致结果误差较大，因此用酸度计检测结果更加准确客观。

实验九

1. 用可见分光光度法测定 Fe^{3+}的含量，需要加入显色剂使其完全转化为有色物质才能进行定量分析。硫氰酸盐（如 KSCN、NH_4SCN）中的硫氰酸根 SCN^-能与 Fe^{3+}反应生成血红色配合物 $[Fe(SCN)_n]^{3-n}$。由于该显色反应是分步进行的，当 SCN^-浓度逐渐增大时，可得到配体数 n 从 1

到 6 的多种配合物，相应地随着 n 的增大，配合物的颜色也越来越深。反应式为

$$Fe^{3+} + 6SCN^- = [Fe(SCN)_6]^{3-}$$

因此，实验中为了保证将 Fe^{3+}全部转化为$[Fe(SCN)_6]^{3-}$，而不是生成其他配位比的配合物，在进行显色反应时必须使显色剂 SCN^-极为过量。

2. 在硫氰酸盐可见分光光度法测定 Fe^{3+}含量时，需要加入过量显色剂 KSCN（或 NH_4SCN）将 Fe^{3+}完全转化为血红色配合物$[Fe(SCN)_6]^{3-}$，才能进行定量分析。由于 Fe^{3+}易发生水解，生成 $Fe(OH)_3$沉淀，故显色反应必须在过量无机酸存在，即强酸性条件下进行。若待测溶液中还存在 Fe^{2+}，也必须先将其氧化成 Fe^{3+}。因此，实验中应加入 HNO_3 将溶液酸度调节到强酸性。但溶液酸度要严格控制，一般应为 0.05～0.5 $mol \cdot L^{-1}$，酸度太强 SCN^-将被氧化，酸度太小生成的配合物容易水解。同时，HNO_3 也可以起氧化剂作用，既可防止 Fe^{3+}还原，也可氧化 Fe^{2+}。

本实验显色溶液中含有过量的 SCN^-。SCN^-能将 Fe^{3+}缓慢还原为 Fe^{2+}而使溶液颜色变浅，影响测定结果。因此，为防止 Fe^{3+}被 SCN^-缓慢还原，还应加入少量强氧化剂过硫酸铵$(NH_4)_2S_2O_8$。

3. 本实验在含有 HNO_3 的强酸性条件下测定水中的铁含量，若水样中存在 Fe^{2+}，也会被氧化成 Fe^{3+}，故测得的是水中总铁的含量。由于铁是需要进行定量测定的对象，要求取样必须准确。因此，凡涉及含有铁的溶液，无论是标准溶液（含 Fe^{3+}）还是水样（含 Fe^{3+}、Fe^{2+}），量取其体积时必须使用精密仪器如移液管或滴定管来准确量取，不能使用量筒量取。至于作为条件试剂使用的 HNO_3、KSCN 和$(NH_4)_2S_2O_8$ 等溶液，其所含物质无须进行定量分析，溶液用量能达到要求，大致准确即可。所以，实验中 HNO_3 溶液和 KSCN 溶液可用量筒量取，$(NH_4)_2S_2O_8$ 溶液则用滴定管滴加。

实验十

1. 将液体放到低温环境中逐渐冷却，当液体温度低于凝固点时，并不析出晶体，而形成过冷液体，继续降温，瞬间会析出大量固体小颗粒，同时温度回升到凝固点的现象为过冷现象。

2. 环境温度不能太低，一般不低于凝固点 2℃，加强搅拌，防止瞬间析出大量晶体。

3. 溶质的量太多的溶液不属于稀溶液，凝固点降低值偏离依数性的线性关系，不能用依数性公式计算。溶质的量太少，测定的凝固点降低值很小，使测量误差偏大。

4. 盐溶液的凝固点很低，周围环境的温度较高，因此冰的融化速度远大于水的凝聚速度，由于冰融化吸收热大于环境传递给体系的热，体系温度迅速降低，从而制得冰盐水低温体系。

实验十一

1. 制备 $Fe(OH)_3$ 溶胶时应用干净的烧杯，避免杂质破坏 $Fe(OH)_3$ 溶胶的稳定性。用去离子水洗涤 $Fe(OH)_3$ 沉淀时一定要将过量的氨水洗掉，避免对 $Fe(OH)_3$ 溶胶的稳定性造成影响。加热含有 $Fe(OH)_3$ 沉淀的溶液时应注意用玻璃棒搅拌溶液，使得溶液稳定均匀并防止暴沸。

2. 辅助液的颜色应为无色或所呈现的颜色与溶胶的色差较大，且辅助液不与溶胶发生反应便于观察界面，同时辅助液与溶胶的温度及电导率应比较接近，否则容易导致界面模糊不易观察。

3. 在溶胶体系中加入少量的电解质有助于溶胶的稳定，但加入的电解质过多反而会破坏溶胶的稳定性，使溶胶聚沉。

实验十二

1. 联系：解离平衡常数和解离度都能反映弱电解质的解离程度。区别：解离平衡常数是平衡常数的一种形式，其值不随电解质的浓度改变而变化；解离度是转化率的一种形式，它表示弱电解质在一定条件下的解离百分数，在解离常数允许的条件下可随弱电解质的浓度而变化。

一定温度下，不同浓度 HAc 溶液的解离度不同，但解离平衡常数相同。

2. 改变测定温度，HAc 的解离度和解离平衡常数均会发生变化。

3. 在用 NaOH 滴定 HAc 溶液时不能选择甲基红作为指示剂；如果选择甲基红为指示剂会使滴定终点提前而导致测定结果偏低。

4. 乙酸浓度越高则 H_3O^+浓度越高，酸度计是靠玻璃电极指示 H_3O^+浓度，如果从溶液的 H_3O^+浓度由高到低顺序进行测量，开始交换到玻璃电极中的 H_3O^+浓度较高，对 H_3O^+浓度低的溶液影响较大。反之，H_3O^+浓度低的溶液对浓度 H_3O^+高的溶液影响较小。

实验十三

1. 当$[I^-]$不变时，依据 $\lg v\text{-}\lg[S_2O_8^{2-}]$ 作图，得一直线，斜率 m 为相对于$[S_2O_8^{2-}]$的反应级数。同理当$[S_2O_8^{2-}]$不变时，以 $\lg v\text{-}\lg[I^-]$ 作图，得一直线，斜率 n 为相对于$[I^-]$的反应级数，该化学反应级数为 $m+n$。

2. 根据 m 和 n，由速率方程 $v=k[S_2O_8^{2-}]^m[I^-]^n$ 可求一定温度下反应速率 k，或依据 $\lg v\text{-}\lg[S_2O_8^{2-}]$、$\lg v\text{-}\lg[I^-]$ 的关系求解 $\lg k$；测出不同温度时的 k 值，以 $\lg k$ 对 $1/T$ 作图得一直线，已知其斜率为 $\dfrac{-E_a}{2.303R}$，由此求得反应活化能为 E_a。

实验十四

1. 溶液的总旋光度为溶剂和溶质旋光度的加和，通过校正，可消除溶剂旋光度的影响。

2. 称量蔗糖不够准确，对测量结果无影响。

3. 由于该反应是一级反应，反应速率只与蔗糖的浓度有关，盐酸只作催化。如果将蔗糖加入盐酸中，蔗糖的起始浓度就是一个变化的值，而且先加入的蔗糖会先水解，影响起始浓度和反应速率。反之，将 HCl 溶液加到蔗糖溶液中去，由于 H^+的浓度小，反应速率小，计时之前所进行的反应的量很小。

实验十五

1. 由于硫酸亚铁铵比一般的亚铁盐稳定，在空气中不易被氧化，易溶于水。

2. H_2SO_4 过量可以使原料中的铁全部反应完成。若 H_2SO_4 不过量，有可能原料中铁未反应完成，可能会在产品中带来未反应的单质铁，从而影响产品纯度。

3. 因为硫酸亚铁铵易溶于水而不溶于乙醇。

实验十六

1. 这是由于温度太高，葡萄糖酸锌会分解；温度太低，则葡萄糖酸锌的溶解度降低。

2. 降低葡萄糖酸锌的溶解度，有利于葡萄糖酸锌的结晶。

3. 葡萄糖酸锌在体内解离成锌离子和葡萄糖酸，参与核糖核酸和脱氧核糖核酸的合成，因而可促进伤口愈合、生长、体内含锌酶的功能。在很多增加记忆的保健品中都添加了葡萄糖酸锌，但是，到目前为止并没有依据证实它一定可以增强记忆力。

人体缺锌会造成生长停滞，自发性味觉减退和创伤愈合不良等现象，从而引发各种疾病。以往常用硫酸锌作锌添加剂，但它对人体肠胃有一定刺激作用，而且吸收率也较低。葡萄糖酸锌则有吸收率高、副作用少等特点。是近年来开发的一种补锌食品添加剂，特别是用于儿童食品、糖果的添加剂，应用日趋广泛。

4. 微量元素锌是一种生命元素，科学家研究表明，锌参与了人体内 80 多种酶的代谢过程，尤其 DNA 和 RNA 聚合酶，它们直接参与核酸蛋白质的合成、细胞的分化和增殖及许多代谢，人体内还有一些酶需要锌的激活，而发挥其活性作用。因此，锌是人体生长发育、生殖遗传、免疫内分泌、神经、体液等重要生理过程中必不可少的物质，缺锌会对人体的各系统产生不利影响，所以锌被人们誉为“生命之花”。

实验十七

1. 样品研磨不细，会使样品装得不实，导致样品颗粒之间空隙较大，其空隙之间为空气所占据，而空气导热系数较小，最终会使熔程加大，测得的熔点数值偏高，同时也妨碍初熔点的准确判断。

2. 升温速度过快，则热浴温度升高快，提供的热量大于待测样品所吸收的热量，而导致测得的熔点偏高，熔程加大。升温速度不能快，一方面是为了保证有充分的时间让热量由管外传至管内，以使固体熔化；另一方面因观察者不能同时观察温度计所示度数和样品的变化情况，只有缓慢加热才能使此项误差变小。

3. 不可以。因为某些物质可能会发生部分分解，有些物质则可能转变为具有不同熔点的其他结晶体。

4. 优点是提勒管的形状使浴液在受热时能形成对流，使整个管内的浴液温度上升均匀。

实验十八

1. 沸石是一种带多孔的物质，当液体受热沸腾时，沸石内的小气泡就成为气化中心，使相变产生的气体以小气泡放出，液体保持平稳沸腾，起到了防止暴沸的作用。如果已经开始加热，但没有加沸石，不能直接加入沸石，以免发生暴沸，正确的做法是，先停止加热，等液体冷至接近室温后再补加沸石。

2. 冷凝管通水必须是由下而上，不能反过来。因为如果冷凝水从上口进，水不能充满冷凝管，气体的冷凝效果不好，并且与刚进入冷凝管的蒸气温差太大，可能导致冷凝管的内管炸裂。

3. 如果温度计感温球位于支管口之上，蒸气还未达到温度计感温球就已从支管流出，测定沸点时，将使数值偏低。若按规定的温度范围收集馏分，则按此温度计位置收集的馏分比规定的温度偏高，并且将有一定量的应该收集的馏分误作为前馏分而损失，使收集量偏少。如果温度计的感温球位于支管口之下或液面之上，测定沸点时，数值将偏高。但若按规定的温度范围集取馏分时，则按此温度计位置收集的馏分比要求的温度偏低，并且将有一定量的应该收集的馏分误认为后馏分而损失。

实验十九

1. 不能。显色反应并不是蛋白质的专一反应，某些非蛋白质类物质(含有一个肽键和—CS—NH_2、—CH_2—NH_2、—CRH—NH_2、—CHOH—CH_2NH_2 等基团的物质)也能发生类似的颜色反应。因此，不能仅仅根据显色反应就判断被测物质一定是蛋白质。

2. 在蛋白质的二缩脲反应中硫酸铜不可过量，否则会有氢氧化铜生成，干扰颜色的观察。

3. 蛋白质的盐析和变性都会产生蛋白质沉淀。蛋白质沉淀可能是蛋白质变性了也可能没有变性，这取决于沉淀的方法和条件。蛋白质的盐析只是破坏了蛋白质在水溶液中的稳定因素，蛋白质的内部结构未发生明显的变化，基本保持原来的性质，加水稀释后，盐的浓度降低，稳定因素得以恢复，沉淀溶解，因此盐析沉淀是可逆的。而当蛋白质在加热、重金属、有机溶剂等物理和化学因素作用下，蛋白质的特定结构遭到破坏，导致蛋白质在理化和生物性质上的改变，使得蛋白质变性凝固产生沉淀，变性发生的是不可逆沉淀。

实验二十

1. 因为油脂不溶于碱的水溶液中，所以如果用水溶液来使油脂皂化反应较慢，乙醇可增加油脂的溶解度，有利于油脂与碱溶液均匀混合，可大大提高反应速率。

2.

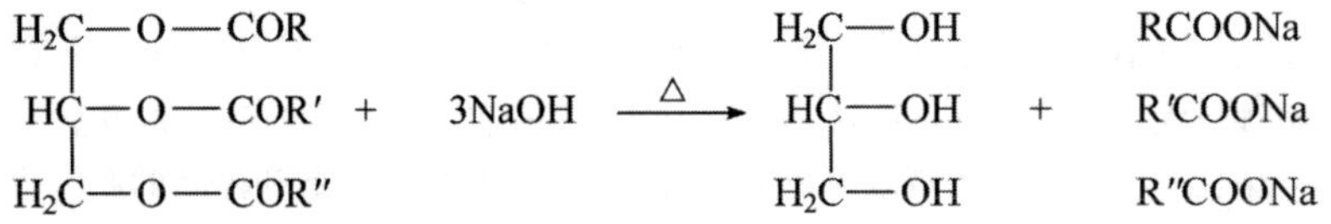

$$RCOONa + HCl \longrightarrow RCOOH + NaCl$$

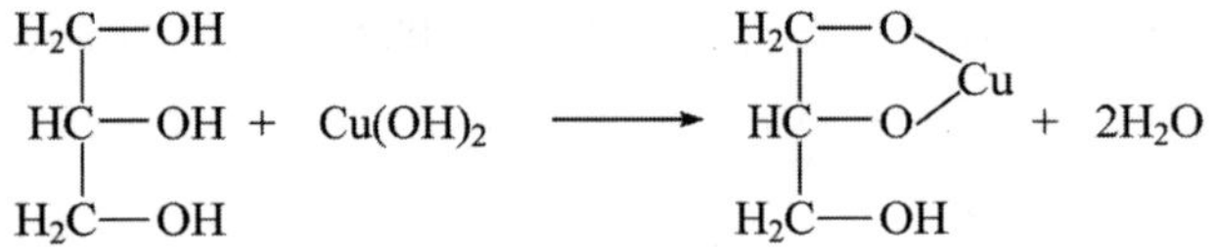

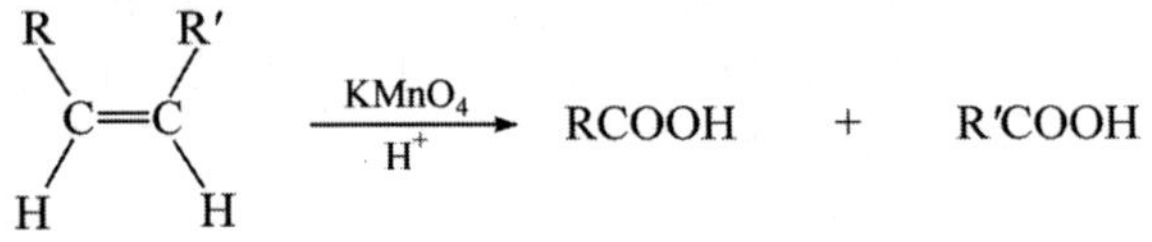

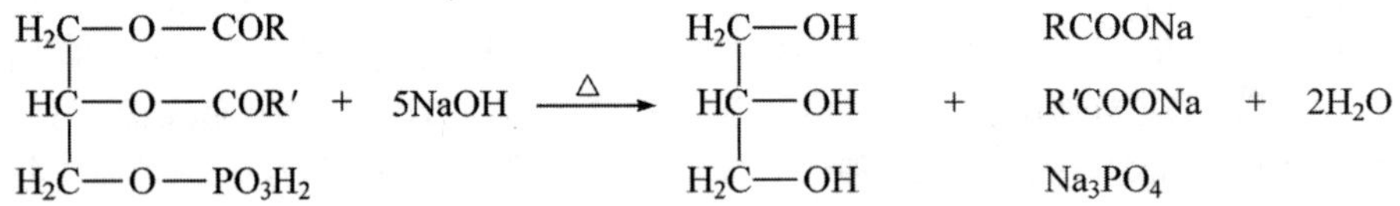

$$PO_4^{3-} + 3NH_4^+ + 12MoO_4^{2-} + 24H^+ = (NH_4)_3PO_4 \cdot 12MoO_3 \cdot 12H_2O\downarrow$$

实验二十一

1. 为保证有较高的产率，在反应过程中应注意反应温度不宜过高，否则会增加副产物，从而降低产率；同时还应注意在抽滤洗涤过程中将洗液合并入滤液，在重结晶过程中，使用的水的量不宜太多，因为产品微溶于水。

2. 除去未反应的和由产品水解产生的水杨酸。

3. 第一次用 $FeCl_3$ 检验肯定会显色，而且颜色很深，说明产品中有未反应的水杨酸，产品不纯；经过重结晶后用 $FeCl_3$ 检验后不会显色，说明水杨酸被除去，产品较纯。

实验二十二

1. 首先，加入过量的乙酸铅确保鞣酸被完全除去；其次，在抽滤过程中注意勿将沉淀混入滤液中；再次，萃取时，勿将溶液分入萃取液；最后，蒸发氯仿时勿将产品炭化。

2. 液液萃取过程中应注意以下几点：①进行萃取时先轻轻摇动分液漏斗，并及时放气后方可剧烈摇动，否则产生的气体容易冲开漏斗塞子，造成损失；②液体分层后，下层液体经活塞由下口放出，上层液体由上口倒出，以免污染产品；③进行静置分层时，静置时间应长一些，使分层完全；④液体分层后应正确判断萃取相(有机相或水相)，一般根据两相的密度来确定，密度大的在下，密度小的在上。例如，本实验中氯仿密度大于水，故萃取相在下。

3. 可以采用升华提纯的化合物中杂质的蒸气压必须较低，而被提纯化合物具有较高的蒸气压，在低于熔点时，就可以产生足够的蒸气，使固体不经过熔融状态直接变为气体，从而达到分离的目的。

实验二十三

1. 碳有三种杂化方式：sp^3、sp^2、sp，分别可用四孔、三孔、二孔小球表示。碳碳单键比碳碳双键长；碳碳双键用模型中的中键代替合适；碳碳双键不能自由旋转。

2. 每种模型中均至少有 4 个原子共平面。

3. 环己烷、1-甲基环己烷中环上的单键都不能无限制地自由旋转。可将环己烷、1-甲基环己烷优势构象球棍模型中的氢原子取下，得到其碳骨架：

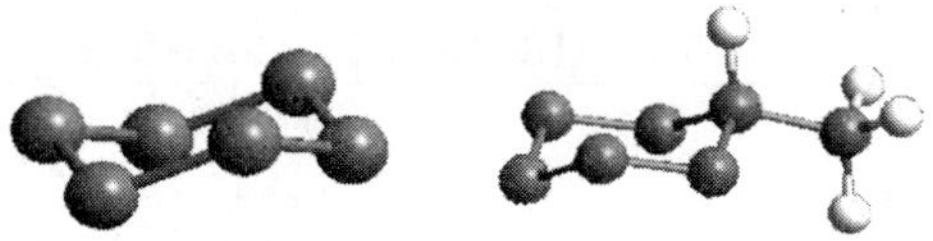

然后尝试旋转环上单键。

4. 乳酸的构型有 2 种，其球棍模型图为

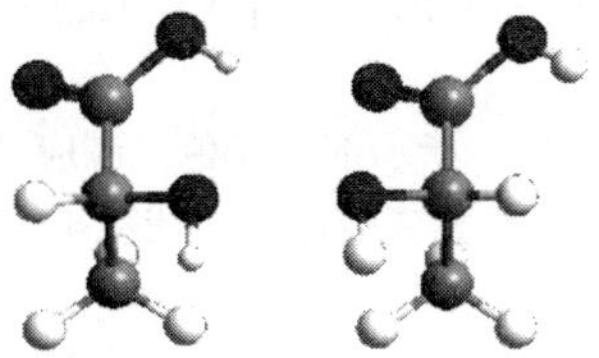

对应的费歇尔投影式及系统名称如下：

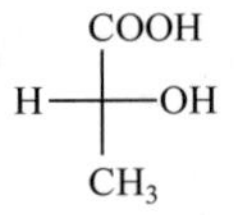

(*R*)-2-羟基丙酸

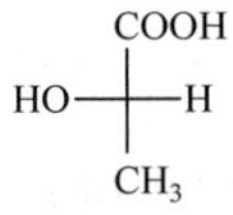

(*S*)-2-羟基丙酸

5. 不是手性分子。因为化合物具有两个构造式相同的手性碳，分子具有对称面，所以不是手性分子；碳链在竖键上的费歇尔投影式为 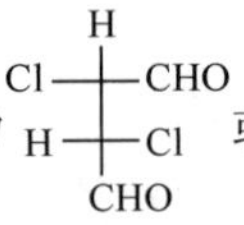 或 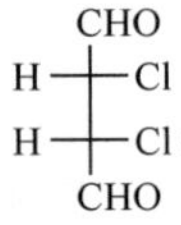，球棍模型图为

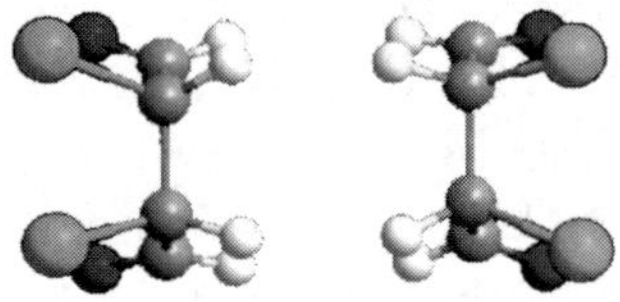

系统名称为(2*R*,3*S*)-2,3-二氯丁二醛。

实验二十四

1. 先用移液管准确移取一定体积的溶质于容量瓶中，加去离子水稀释至接近容量瓶刻度线时，改用胶头滴管滴加至溶液弯月面与刻度线相切，充分摇匀即可。

2. 不正确。因为托盘天平是粗略称量物质的量具，而容量瓶是用来配制准确浓度的容器。

实验二十五

1. 配制前先计算需取多少浓盐酸，再通过稀释的办法配得近似 0.5 $mol \cdot L^{-1}$ 的 HCl 溶液 500 mL。过程如下：

(1) 盐酸的物质的量浓度 c(HCl)：

$$c(\mathrm{HCl})=\frac{n(\mathrm{HCl})}{V}=\frac{m(\mathrm{HCl})/M(\mathrm{HCl})}{V}=\frac{1.198\times 36\%/36.5}{1/1000}=11.8(\mathrm{mol}\cdot\mathrm{L}^{-1})$$

(2) 计算需浓盐酸的体积为 $V_{浓}$：

$$V_{浓}=\frac{c_{稀}V_{稀}}{c_{浓}}=\frac{0.5\ \mathrm{mol}\cdot\mathrm{L}^{-1}\times 500\ \mathrm{mL}}{11.8\ \mathrm{mol}\cdot\mathrm{L}^{-1}}=21.2\ \mathrm{mL}$$

配制：用 50 mL 量筒取 21.2 mL 浓盐酸到装有适量水的 1000 mL 烧杯中，加入去离子水配成 500 mL 溶液，搅拌均匀即得。

2. 酸碱指示剂选择的基本原则为：指示剂的变色范围应部分或全部落在滴定突跃范围内。在实际选择时，还要注意选择易于观察其变色过程的酸碱指示剂，如颜色从浅及深，人眼较为敏感。

3. 直接配制法：先准确称量一定量的一级标准物质，溶解后转移至容量瓶中定容，即得已知准确浓度的标准溶液。

间接配制法：先配制成近似于所需浓度的溶液，然后用一级标准物质或另一种已知准确浓度的标准溶液来确定其准确浓度。

实验二十六

1. 先粗略确定蛋壳粉末中钙、镁的含量，再确定蛋壳粉末的称量范围。
2. 酸碱滴定法、氧化还原滴定法等。
3. 加入 95%的乙醇可以消除泡沫。

实验二十七

1. 本实验中 $CuSO_4$ 为淡蓝色溶液，灵敏度不够，不适合直接用分光光度计测量，加入 $NH_3 \cdot H_2O$ 溶液使其转变为深蓝色的$[Cu(NH_3)_4]^{2+}$溶液，由于$[Cu(NH_3)_4]^{2+}$的灵敏度足够高可以用分光光度计直接测量。

2. 市售浓氨水的质量分数为 28%左右，20℃时密度约为 0.9 $g \cdot mL^{-1}$，换算为物质的量浓度约为 15 $mol \cdot L^{-1}$。因此，配制 1 $mol \cdot L^{-1}$ $NH_3 \cdot H_2O$ 溶液，需将市售浓氨水按 1∶14 加入去离子水进行稀释。

3. 在分光光度法实验中，待测物的吸光度应控制在 0.2～0.7，这样测定结果的相对误差较小。$[Cu(NH_3)_4]^{2+}$溶液浓度为 0.002～0.01 $mol \cdot L^{-1}$时，在特征吸收波长下的吸光度为 0.1～0.5，基本符合要求。由于 Cu^{2+}与$[Cu(NH_3)_4]^{2+}$在实验条件中是 1∶1 转换，故 Cu^{2+}浓度控制在 0.002～0.01 $mol \cdot L^{-1}$。

实验二十八

1. 三草酸合铁(Ⅲ)酸钾配合物对光敏感，光照下易发生分解。因此，应保存在棕色试剂瓶中，并置于暗处。

2. 不能。原因是：①母液中含未反应的 $C_2O_4^{2-}$、K^+ 等杂质；②三草酸合铁(Ⅲ)酸钾性质不稳定，高温容易分解，故不能用蒸干溶液的办法来提高产率。

3. 能。反应式为

$$3FeC_2O_4 \cdot 2H_2O + 2HNO_3 + 5K_2C_2O_4 + H_2C_2O_4 + H_2O = 3K_3[Fe(C_2O_4)_3] \cdot 3H_2O + NO\uparrow + KNO_3$$

H_2O_2 作氧化剂好，因为还原产物为 H_2O，不会引入杂质。

4. 在滤液中加入无水乙醇能够加快晶体的生成，能够有效地防止实验失败。但加入无水乙醇后结晶速度加快，导致析出晶体的晶形不好，易形成多核的微小晶体。事实上晶形的好坏主要取决于实验过程的控制和结晶中心的多少，控制好实验条件，不加乙醇反而能够形成大块的单斜晶体。

实验二十九

1.

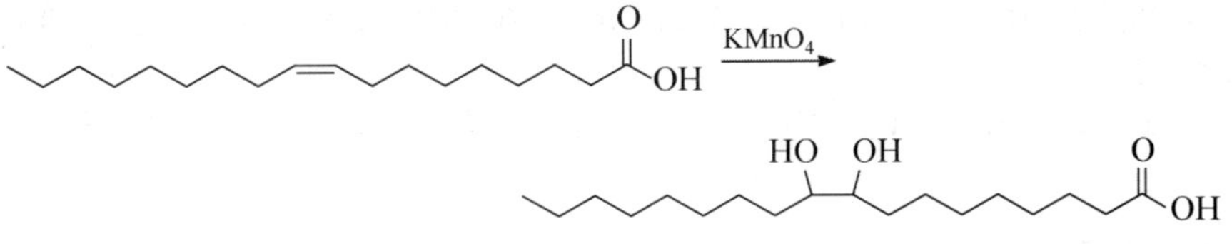

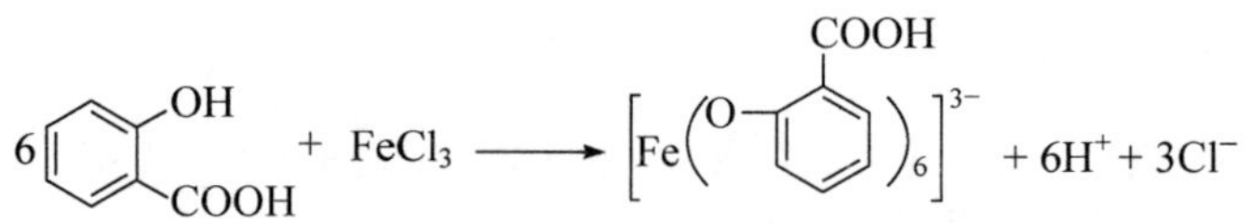

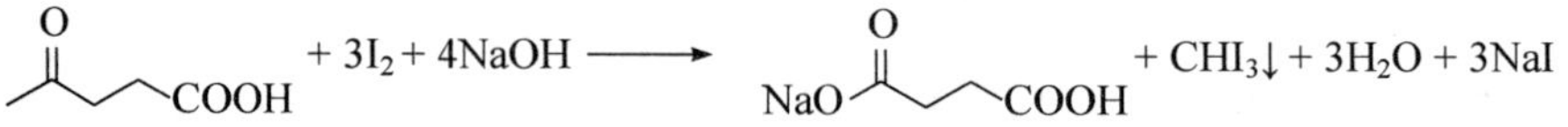

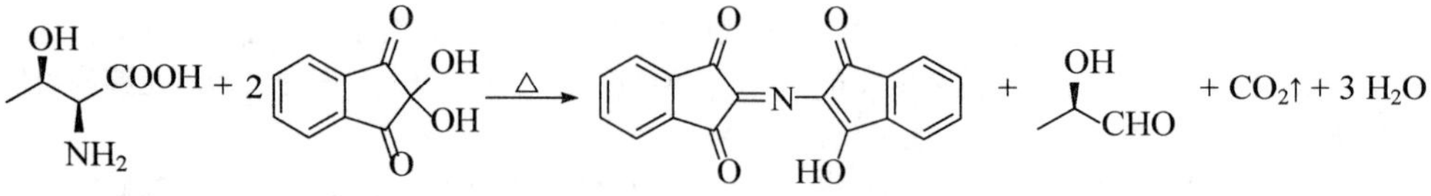

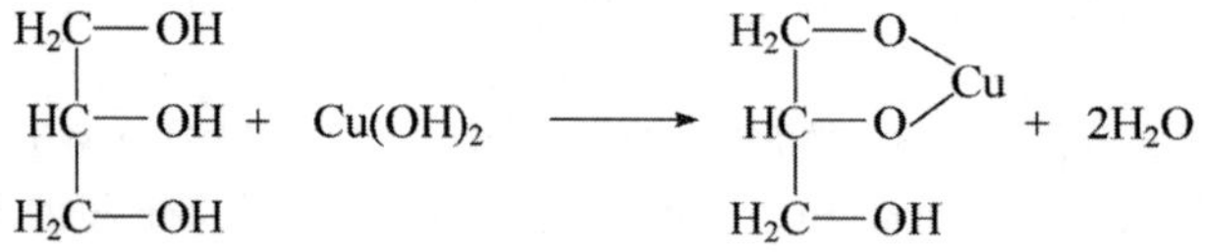

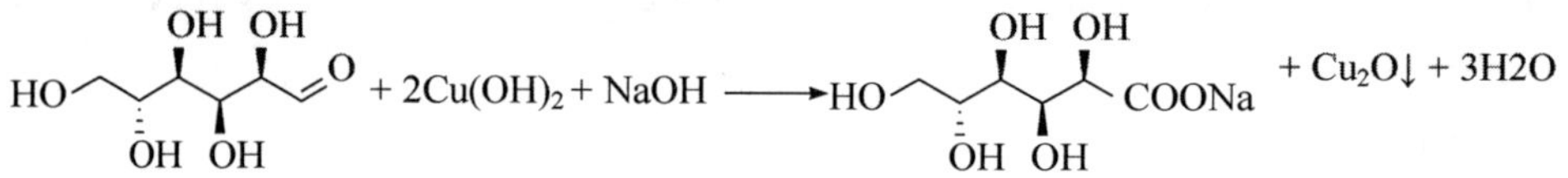

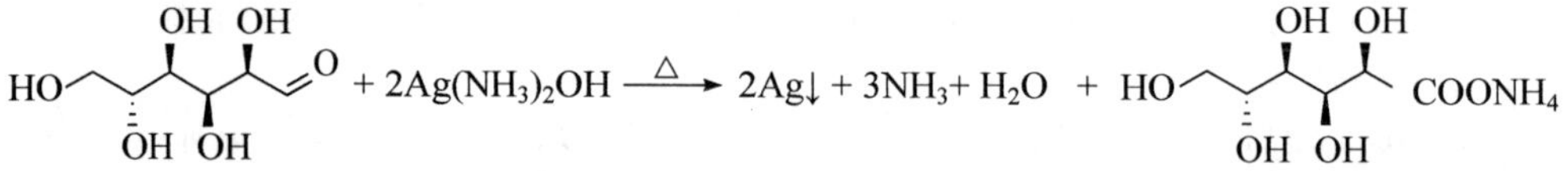

2. 烷烃：不溶于水，性质稳定；烯烃：高锰酸钾或溴水；醇：高锰酸钾或卢卡斯试剂；酚：$FeCl_3$溶液或溴水；醛：高锰酸钾、银氨溶液、费林试剂或席夫试剂；酮：2,4-二硝基苯肼，具有CH_3CO—结构片段的醛或酮能发生碘仿反应；羧酸：碳酸钠溶液、酸碱指示剂；氨基酸：茚三酮。

实验三十

除去其他离子，在溶液中加入铬酸钠溶液，生成黄色沉淀证明含有Ba^{2+}，过滤，向滤液中加入草酸钠，生成白色沉淀证明含有Ca^{2+}。

实验三十一

1. 因为在碱性条件下Cu^{2+}会生成$Cu(OH)_2$，生成的I_2会发生歧化反应，且$S_2O_3^{2-}$也会发生副反应。

2. 过量的碘化钾可使Cu^{2+}反应完全，且与I_2生成I_3^-，增强水溶性，便于滴定反应终点的观察。

实验三十二

1. 比较法的优点是只需测定一个标准样品和待测样品，代入公式即可快速得到实验结果；

缺点是其配制溶液的数量少，偶然误差对实验结果影响的概率较大。

标准曲线法的优点是绘制好标准曲线后测定工作就变得相当简单，可直接从标准曲线上读出含量，因此特别适合于大量样品的分析。标准曲线法的缺点是每次样品分析的条件很难完全相同，因此容易出现较大误差。此外，绘制标准曲线时，一般使用待测组分的标准样品(或已知准确含量的样品)，而实际样品的组成却千差万别，因此必将给测量带来一定的误差。

2. 碘量法对 Cu(Ⅱ)的分析方法简单、价廉，但其灵敏度不高；本实验所用方法简单、快速且价廉。

附　　录

附录Ⅰ　酸碱指示剂

指示剂名称	pH 变色范围	颜色变化	溶液配制方法
甲基紫	0.13～0.5	黄～绿	1 g · L^{-1} 或 0.5 g · L^{-1} 的水溶液
	1.0～1.5	绿～蓝	1 g · L^{-1} 的水溶液
	2.0～3.0	蓝～紫	1 g · L^{-1} 的水溶液
百里酚蓝（麝香草酚蓝）	1.2～2.8	红～黄	0.1 g 指示剂溶于 100 mL 20%乙醇
	8.0～9.6	黄～蓝	0.1 g 指示剂溶于 100 mL 20%乙醇
甲酚红	0.2～1.8	红～黄	0.04 g 指示剂溶于 100 mL 50%乙醇
甲基橙	3.1～4.4	红～黄	1 g · L^{-1} 的水溶液
溴酚蓝	3.0～4.6	黄～蓝	0.1 g 指示剂溶于 100 mL 20%乙醇
刚果红	3.0～5.2	蓝紫～红	1 g · L^{-1} 的水溶液
溴甲酚绿	3.8～5.4	黄～蓝	0.1 g 指示剂溶于 100 mL 20%乙醇
甲基红	4.4～6.2	红～黄	0.1 g 或 0.2 g 指示剂溶于 100 mL 60%乙醇
溴酚红	5.0～6.8	黄～红	0.1 g 或 0.04 g 指示剂溶于 100 mL 20%乙醇
溴百里酚蓝	6.0～7.6	黄～蓝	0.05 g 指示剂溶于 100 mL 20%乙醇
中性红	6.8～8.0	红～亮黄	0.1 g 指示剂溶于 100 mL 60%乙醇
酚红	6.8～8.0	黄～红	0.1 g 指示剂溶于 100 mL 20%乙醇
酚酞	8.2～10.0	无色～紫	0.1 g 指示剂溶于 100 mL 60%乙醇
百里酚酞	9.3～10.0	无色～蓝	0.1 g 指示剂溶于 100 mL 90%乙醇

附录Ⅱ　酸碱混合指示剂

指示剂	组成	变色时 pH	颜色		备注
			酸色	碱色	
溴甲酚绿（1 g · L^{-1}） 甲基红（2 g · L^{-1}）	3 : 1	5.1	酒红	绿	均为乙醇溶液
甲基红（2 g · L^{-1}） 次甲基蓝（1 g · L^{-1}）	1 : 1	5.4	红紫	绿	pH 5.2 红紫、pH 5.4 暗蓝、pH 5.6 绿。均为乙醇溶液

续表

指示剂	组成	变色时pH	颜色		备注
			酸色	碱色	
溴甲酚绿钠盐(1 g · L^{-1}) 氯酚红钠盐(1 g · L^{-1})	1 : 1	6.1	黄绿	蓝紫	pH 5.4 蓝绿、pH 5.8 蓝、pH 6.2 蓝紫
中性红(1 g · L^{-1}) 次甲基蓝(1 g · L^{-1})	1 : 1	7.0	蓝紫	绿	pH 7.0 蓝紫。均为乙醇溶液
溴百里酚蓝钠盐(1 g · L^{-1}) 酚红钠盐(1 g · L^{-1})	1 : 1	7.5	黄	绿	pH 7.2 暗绿、pH 7.4 淡紫、pH 7.6 深紫
甲酚红钠盐(1 g · L^{-1}) 百里酚蓝钠盐(1 g · L^{-1})	1 : 1	8.3	黄	紫	pH 8.2 玫瑰色、pH 8.4 紫色

附录Ⅲ 常见难溶化合物的溶度积(298.15 K)

化合物	K_{sp}	化合物	K_{sp}	化合物	K_{sp}
AgAc	1.94×10^{-3}	$BaCO_3$	2.58×10^{-9}	$Cd_3(PO_4)_2$	2.53×10^{-33}
AgBr	5.38×10^{-13}	$BaCrO_4$	1.17×10^{-10}	$Co_3(PO_4)_2$	2.05×10^{-35}
$AgBrO_3$	5.34×10^{-5}	BaF_2	1.84×10^{-7}	CuBr	6.27×10^{-9}
AgCN	5.97×10^{-17}	$Ba(IO_3)_2$	4.01×10^{-9}	CuC_2O_4	4.43×10^{-10}
AgCl	1.77×10^{-10}	$BaSO_4$	1.08×10^{-10}	CuCl	1.72×10^{-7}
AgI	8.52×10^{-17}	$BiAsO_4$	4.43×10^{-10}	CuI	1.27×10^{-12}
$AgIO_3$	3.17×10^{-8}	CaC_2O_4	2.32×10^{-9}	CuS	1.27×10^{-36}
AgSCN	1.03×10^{-12}	$CaCO_3$	3.36×10^{-9}	CuSCN	1.77×10^{-13}
Ag_2CO_3	8.46×10^{-12}	CaF_2	3.45×10^{-10}	Cu_2S	2.26×10^{-48}
$Ag_2C_2O_4$	5.40×10^{-12}	$Ca(IO_3)_2$	6.47×10^{-6}	$Cu_3(PO_4)_2$	1.40×10^{-37}
Ag_2CrO_4	1.12×10^{-12}	$Ca(OH)_2$	5.02×10^{-6}	$FeCO_3$	3.13×10^{-11}
Ag_2S	6.69×10^{-50}	$CaSO_4$	4.93×10^{-5}	FeF_2	2.36×10^{-6}
Ag_2SO_3	1.50×10^{-14}	$Ca_3(PO_4)_2$	2.53×10^{-33}	$Fe(OH)_2$	4.87×10^{-17}
Ag_2SO_4	1.20×10^{-5}	$CdCO_3$	1.0×10^{-12}	$Fe(OH)_3$	2.79×10^{-39}
Ag_3AsO_4	1.03×10^{-22}	CdF_2	6.44×10^{-3}	FeS	1.59×10^{-19}
Ag_3PO_4	8.89×10^{-17}	$Cd(IO_3)_2$	2.50×10^{-8}	HgI_2	2.90×10^{-29}
$Al(OH)_3$	1.1×10^{-33}	$Cd(OH)_2$	7.2×10^{-15}	HgS	6.44×10^{-53}
$AlPO_4$	9.84×10^{-21}	CdS	1.40×10^{-29}	Hg_2Br_2	6.40×10^{-23}

续表

化合物	K_{sp}	化合物	K_{sp}	化合物	K_{sp}
Hg_2CO_3	3.6×10^{-17}	$MnCO_3$	2.24×10^{-11}	$PbSO_4$	2.53×10^{-8}
$Hg_2C_2O_4$	1.75×10^{-13}	$Mn(IO_3)_2$	4.37×10^{-7}	PbS	9.04×10^{-29}
Hg_2Cl_2	1.43×10^{-18}	$Mn(OH)_2$	2.06×10^{-13}	$Pb(OH)_2$	1.43×10^{-20}
Hg_2F_2	3.10×10^{-6}	MnS	4.65×10^{-14}	$Sn(OH)_2$	5.45×10^{-27}
Hg_2I_2	5.2×10^{-29}	$NiCO_3$	1.42×10^{-7}	SnS	3.25×10^{-28}
Hg_2SO_4	6.5×10^{-7}	$Ni(IO_3)_2$	4.71×10^{-5}	$SrCO_3$	5.60×10^{-10}
$KClO_4$	1.05×10^{-2}	$Ni(OH)_2$	5.48×10^{-16}	SrF_2	4.33×10^{-9}
$K_2[PtCl_6]$	7.48×10^{-6}	NiS	1.07×10^{-21}	$Sr(IO_3)_2$	1.14×10^{-7}
Li_2CO_3	8.15×10^{-4}	$Ni_3(PO_4)_2$	4.74×10^{-32}	$SrSO_4$	3.44×10^{-7}
$MgCO_3$	6.82×10^{-6}	$PbCO_3$	7.40×10^{-14}	$ZnCO_3$	1.46×10^{-10}
MgF_2	5.16×10^{-11}	$PbCl_2$	1.70×10^{-5}	ZnF_2	3.04×10^{-2}
$Mg(OH)_2$	5.61×10^{-12}	PbF_2	3.3×10^{-8}	$Zn(OH)_2$	3.10×10^{-17}
$Mg_3(PO_4)_2$	1.04×10^{-24}	PbI_2	9.8×10^{-9}	ZnS	2.93×10^{-25}

附录Ⅳ　弱电解质在水中的解离常数

化合物	化学式	温度/℃	分步	K_a(或 K_b)	pK_a(或 pK_b)
砷酸	H_3AsO_4	25	1	5.5×10^{-3}	2.26
			2	1.7×10^{-7}	6.76
			3	5.1×10^{-12}	11.29
亚砷酸	H_3AsO_3	25	—	5.1×10^{-10}	9.29
硼酸	H_3BO_3	20	—	5.4×10^{-10}	9.27
碳酸	H_2CO_3	25	1	4.5×10^{-7}	6.35
			2	4.7×10^{-11}	10.33
铬酸	H_2CrO_4	25	1	1.8×10^{-1}	0.74
			2	3.2×10^{-7}	6.49
氢氟酸	HF	25	—	6.3×10^{-4}	3.20
氢氰酸	HCN	25	—	6.2×10^{-10}	9.21
氢硫酸	H_2S	25	1	8.9×10^{-8}	7.05

续表

化合物	化学式	温度/℃	分步	K_a(或 K_b)	pK_a(或 pK_b)
			2	1.2×10^{-13}	12.90
过氧化氢	H_2O_2	25	—	2.4×10^{-12}	11.62
次溴酸	HBrO	25	—	2.0×10^{-9}	8.55
次氯酸	HClO	25	—	3.9×10^{-8}	7.40
次碘酸	HIO	25	—	3.0×10^{-11}	10.50
碘酸	HIO_3	25	—	1.6×10^{-1}	0.78
高碘酸	HIO_4	25	—	2.3×10^{-2}	1.64
亚硝酸	HNO_2	25	—	5.6×10^{-4}	3.25
磷酸	H_3PO_4	25	1	6.9×10^{-3}	2.16
		25	2	6.1×10^{-8}	7.21
		25	3	4.8×10^{-13}	12.32
正硅酸	H_4SiO_4	30	1	1.2×10^{-10}	9.90
			2	1.6×10^{-12}	11.8
			3	1.0×10^{-12}	12.00
			4	1.0×10^{-12}	12.00
硫酸	H_2SO_4	25	2	1.0×10^{-2}	2.00
亚硫酸	H_2SO_3	25	1	1.4×10^{-2}	1.85
			2	6×10^{-7}	7.20
甲酸	HCOOH	25	1	1.8×10^{-4}	3.75
乙酸	CH_3COOH	25	1	1.8×10^{-5}	4.75
丙酸	C_2H_5COOH	25	1	1.3×10^{-5}	4.87
一氯乙酸	$CH_2ClCOOH$	25	1	1.4×10^{-3}	2.85
草酸	$H_2C_2O_4$	25	1	5.6×10^{-2}	1.25
			2	1.5×10^{-4}	3.81
柠檬酸	$C_6H_8O_7$	25	1	7.4×10^{-4}	3.13
			2	1.7×10^{-5}	4.76
			3	4.0×10^{-7}	6.40
巴比妥酸	$C_4H_4N_2O_3$	25	1	9.8×10^{-5}	4.01
甲胺盐酸盐	$CH_3NH_2 \cdot HCl$	25	1	2.2×10^{-11}	10.66
二甲胺盐酸盐	$(CH_3)_2NH \cdot HCl$	25	1	1.9×10^{-11}	10.73
乳酸	$C_3H_6O_3$	25	1	1.4×10^{-4}	3.86

续表

化合物	化学式	温度/℃	分步	K_a(或 K_b)	pK_a(或 pK_b)
乙胺盐酸盐	$C_2H_5NH_2 \cdot HCl$	20	1	2.2×10^{-11}	10.66
苯甲酸	C_6H_5COOH	25	1	6.25×10^{-5}	4.204
苯酚	C_6H_5OH	25	1	1.0×10^{-10}	9.99
邻苯二甲酸	$C_8H_6O_4$	25	1	1.14×10^{-3}	2.943
			2	3.70×10^{-6}	5.432
Tris-HCl		37	1	1.4×10^{-8}	7.85
氨基乙酸盐酸盐	$H_2NCH_2COOH \cdot 2HCl$	25	1	4.5×10^{-3}	2.35
			2	1.6×10^{-10}	9.78
氨水	$NH_3 \cdot H_2O$	25	—	1.8×10^{-5}	4.75
氢氧化钙	$Ca(OH)_2$	25	2	4.0×10^{-2}	1.40
氢氧化铝	$Al(OH)_3$	25	—	1.0×10^{-9}	9.00
氢氧化银	AgOH	25	—	1.0×10^{-2}	2.00
氢氧化锌	$Zn(OH)_2$	25	—	7.9×10^{-7}	6.10

附录Ⅴ　常用酸、碱溶液的浓度

溶液名称	ρ/(g · mL^{-1})	w/%	c/(mol · mL^{-1})
浓 H_2SO_4	1.84	98	18
稀 H_2SO_4	1.18	25	3
	1.06	9	1
浓 HNO_3	1.42	69	16
稀 HNO_3	1.20	33	6
	1.07	12	2
浓 HCl	1.19	37	12
稀 HCl	1.10	20	6
	1.03	7	2
浓 H_3PO_4	1.7	85	15
浓 $HClO_4$	1.7～1.75	70～72	12
稀 $HClO_4$	1.12	19	2
冰醋酸(HAc)	1.05	99	17

续表

溶液名称	ρ/(g · mL^{-1})	w/%	c/(mol · mL^{-1})
稀 HAc	1.02	12	2
氢氟酸(HF)	1.13	40	23
浓氨水	0.88	28	15
稀氨水	0.98	4	2
浓 NaOH	1.43	40	14
	1.33	30	13
稀 NaOH	1.09	8	2
$Ba(OH)_2$(饱和)	—	2	0.1
$Ca(OH)_2$(饱和)	—	0.15	—

附录Ⅵ　标准缓冲溶液

名称	配制方法	pH(25℃)
邻苯二甲酸氢钾溶液(0.05 mol · L^{-1})	称取已在(115 ± 5)℃下烘干 2～3 h 的邻苯二甲酸氢钾 10.12 g，溶于蒸馏水，稀释至 1 L	4.008
饱和酒石酸氢钾溶液(约 0.034 mol · L^{-1}，25℃)	在玻璃磨口瓶中装入蒸馏水和过量的酒石酸氢钾粉末(约 20 g · L^{-1})，温度控制在(25 ± 5)℃下，剧烈摇动 20～30 min，溶液澄清后，用倾泻法取其清液备用[如用 0.02 级的仪器，饱和温度应控制在(25 ± 3)℃]	3.557
磷酸氢二钠溶液(0.025 mol · L^{-1})混合磷酸二氢钾溶液(0.025 mol · L^{-1})	分别称取已在(115 ± 5)℃下烘干 2～3 h 的磷酸氢二钠 3.53 g 和磷酸二氢钾 3.39 g 溶于蒸馏水，稀释至 1 L(如用 0.02 级的仪器，蒸馏水应预先煮沸 15～30 min)	6.865
磷酸二氢钾溶液(0.008665 mol · L^{-1})混合磷酸氢二钠溶液(0.03032 mol · L^{-1})	分别称取已在(115 ± 5)℃下烘干 2～3 h 的磷酸二氢钾 1.179 g 和磷酸氢二钠 4.30 g 溶于蒸馏水，稀释至 1 L(如用 0.02 级的仪器，蒸馏水应预先煮沸 15～30 min)	7.413
硼砂溶液(0.01 mol · L^{-1})	称取硼砂 3.80 g(注意不能烘干)，溶于蒸馏水，稀释至 1 L(如用 0.02 级的仪器，蒸馏水应预先煮沸 15～30 min)	9.180
碳酸氢钠溶液(0.025 mol · L^{-1})混合碳酸钠溶液(0.025 mol · L^{-1})	分别称取已在 270～300℃干燥至恒量的碳酸钠 2.65 g 和在硫酸干燥器中干燥约 4 h 的碳酸氢钠 2.10 g，溶于蒸馏水，稀释至 1 L(如用 0.02 级的仪器，蒸馏水应预先煮沸 15～30 min)	10.012

附录Ⅶ　常用缓冲溶液

1. 乙酸-乙酸钠缓冲溶液

X mL 0.2 mol · L^{-1} NaAc 溶液与 Y mL 0.3 mol · L^{-1} HAc 溶液混合均匀。

pH（18℃）	X/mL	Y/mL	pH（18℃）	X/mL	Y/mL
2.6	0.75	9.25	4.8	5.90	4.10
3.8	1.20	8.80	5.0	7.00	3.00
4.0	1.80	8.20	5.2	7.90	2.10
4.2	2.65	7.35	5.4	8.60	1.40
4.4	3.70	6.30	5.6	9.10	0.90
4.6	4.90	5.10	5.8	9.40	0.60

注：NaAc · 3H_2O 相对分子质量为 136.1，0.2 mol · L^{-1} 溶液为 27.22 g · L^{-1}。

2. 磷酸盐缓冲溶液

1）磷酸氢二钠-磷酸二氢钠缓冲溶液

X mL 0.2 mol · L^{-1} 磷酸氢二钠溶液与 Y mL 0.3 mol · L^{-1} 磷酸二氢钠溶液混合均匀。

pH	X/mL	Y/mL	pH	X/mL	Y/mL
5.8	8.0	92.0	7.0	61.0	39.0
5.9	10.0	90.0	7.1	67.0	33.0
6.0	12.3	87.7	7.2	72.0	28.0
6.1	15.0	85.0	7.3	77.0	23.0
6.2	18.5	81.5	7.4	81.0	19.0
6.3	22.5	77.5	7.5	84.0	16.0
6.4	26.5	73.5	7.6	87.0	13.0
6.5	31.5	68.5	7.7	89.5	10.5
6.6	37.5	62.5	7.8	91.5	8.5
6.7	43.5	56.5	7.9	93.0	7.0
6.8	49.5	51.5	8.0	94.7	5.3
6.9	55.0	45.0			

注：Na_2HPO_4 · 2H_2O 相对分子质量为 178.0，0.2 mol · L^{-1} 溶液为 85.61 g · L^{-1}。

Na_2HPO_4 · 12H_2O 相对分子质量为 358.2，0.2 mol · L^{-1} 溶液为 71.64 g · L^{-1}。

NaH_2PO_4 · 2H_2O 相对分子质量为 156.0，0.2 mol · L^{-1} 溶液为 31.21 g · L^{-1}。

2）磷酸氢二钠-磷酸二氢钾缓冲溶液

X mL 1/15 mol · L^{-1} 磷酸氢二钠溶液与 Y mL 1/15 mol · L^{-1} 磷酸二氢钾溶液混合均匀。

pH	X/mL	Y/mL	pH	X/mL	Y/mL
4.92	0.10	9.90	7.17	7.00	3.00
5.29	0.50	9.50	7.38	8.00	2.00
5.91	1.00	9.00	7.73	9.00	1.00
6.24	2.00	8.00	8.04	9.50	0.50
6.47	3.00	7.00	8.34	9.75	0.25
6.64	4.00	6.00	8.67	9.90	0.10
6.81	5.00	5.00	8.18	10.00	0
6.98	6.00	4.00			

注：$Na_2HPO_4 \cdot 2H_2O$ 相对分子质量为 178.0，1/15 mol · L^{-1} 溶液为 11.88 g · L^{-1}。
KH_2PO_4 相对分子质量为 136.1，1/15 mol · L^{-1} 溶液为 9.078 g · L^{-1}。

3. 巴比妥钠-盐酸缓冲溶液（18℃）

X mL 0.04 mol · L^{-1} 巴比妥钠溶液与 Y mL 0.2 g · L^{-1} 盐酸溶液混合均匀。

pH	X/mL	Y/mL	pH	X/mL	Y/mL
6.8	100	18.4	8.4	100	5.21
7.0	100	17.8	8.6	100	3.82
7.2	100	16.7	8.8	100	2.52
7.4	100	15.3	9.0	100	1.65
7.6	100	13.4	9.2	100	1.13
7.8	100	11.47	9.4	100	0.70
8.0	100	9.39	9.6	100	0.35
8.2	100	7.21			

注：巴比妥钠相对分子质量为 206.2，0.04 mol · L^{-1} 溶液为 8.25 g · L^{-1}。

4. Tris-盐酸缓冲溶液（25℃）

X mL 0.1 mol · L^{-1} 三羟甲基氨基甲烷（Tris）溶液与 Y mL 0.1 g · L^{-1} 盐酸混匀后，加水稀释至 100 mL。

pH	X/mL	Y/mL	pH	X/mL	Y/mL
7.10	50	45.7	7.40	50	42.0
7.20	50	44.7	7.50	50	40.3
7.30	50	43.4	7.60	50	38.5

续表

pH	X/mL	Y/mL	pH	X/mL	Y/mL
7.70	50	36.6	8.40	50	17.2
7.80	50	34.5	8.50	50	14.7
7.90	50	32.0	8.60	50	12.4
8.00	50	29.2	8.70	50	10.3
8.10	50	26.2	8.80	50	8.5
8.20	50	22.9	8.90	50	7.0
8.30	50	19.9			

注：三羟甲基氨基甲烷(Tris)：$(HOCH_2)_3CNH_2$，相对分子质量为 121.1。0.1 mol · L^{-1}溶液为 12.11 g · L^{-1}。Tris 溶液可从空气中吸收二氧化碳，使用时注意将瓶盖严。

5. 甘氨酸-氢氧化钠缓冲溶液

X mL 0.2 mol · L^{-1} 甘氨酸与 Y mL 0.2 g · L^{-1} NaOH 加水稀释至 200 mL。

pH	X/mL	Y/mL	pH	X/mL	Y/mL
8.6	50	4.0	9.6	50	22.4
8.8	50	6.0	9.8	50	27.2
9.0	50	8.8	10.0	50	32.0
9.2	50	12.0	10.4	50	38.6
9.4	50	16.8	10.6	50	45.5

注：甘氨酸相对分子质量为 75.07，0.2 mol · L^{-1}溶液为 15.01 g · L^{-1}。

6. 碳酸钠-碳酸氢钠缓冲溶液

pH(20℃)	pH(37℃)	Na_2CO_3(0.1 mol · L^{-1})/mL	$NaHCO_3$(0.1 mol · L^{-1})/mL
9.16	8.77	1	9
9.40	9.12	2	8
9.51	9.40	3	7
9.78	9.50	4	6
9.90	9.72	5	5
10.14	9.90	6	4
10.28	10.08	7	3
10.53	10.28	8	2
10.83	10.57	9	1

注：Ca^{2+}、Mg^{2+}存在时不得使用。

$Na_2CO_3 \cdot 10H_2O$ 相对分子质量为 286.2，0.1 mol · L^{-1}溶液为 28.62 g · L^{-1}。

$NaHCO_3$ 相对分子质量为 84.0，0.1 mol · L^{-1}溶液为 8.40 g · L^{-1}。